Günther Anfang (Hrsg.)

Von Jungen, Mädchen und Medien

Materialien zur Medienpädagogik Band 6
Herausgegeben vom JFF - Institut für
Medienpädagogik in Forschung und Praxis

Günther Anfang (Hrsg.)

Von Jungen, Mädchen und Medien

Theorie und Praxis einer geschlechtsbewussten und -sensiblen Medienarbeit

kopaed, muenchen
www.kopaed.de

Das Buch ist Ergebnis einer Fachtagung zum Umgang von Jungen und Mädchen mit Medien, die vom Medienzentrum München des JFF in Zusammenarbeit mit dem Stadtjugendamt München und dem Kreisjugendring München-Stadt im Herbst 2004 in München veranstaltet wurde. Bei der Vorbereitung und Durchführung der Fachtagung waren neben den Veranstaltern das Fachforum Mädchenarbeit, das Netzwerk Jugendarbeit sowie die PA/SPIELkultur beteiligt.

Mitglieder der Vorbereitungsgruppe waren: Angelika Bauer (PA/SPIELkultur), Kathrin Demmler (JFF – Institut für Medienpädagogik in Forschung und Praxis), Elly Geiger (Kreisjugendring München-Stadt), Ilona Herbert (Medienzentrum München des JFF), Hartmut Kick (Stadtjugendamt München), Andreas Kirchhoff (JFF – Institut für Medienpädagogik in Forschung und Praxis), Gabi Nuß (Stadtjugendamt München), Klaus Schwarzer (Stadtjugendamt München) sowie Günther Anfang (Medienzentrum München des JFF).

Die Drucklegung dieses Buches wurde vom Kreisjugendring München-Stadt und dem Stadtjugendamt München gefördert.

Bibliografische Information Der Deutschen Bibliothek Die Deutsche Bibliothek verzeichnet diese Publikation in der Deutschen Nationalbibliografie; detaillierte bibliografische Daten sind im Internet über http://dnb.ddb.de abrufbar

ISBN 3-938028-31-9

Druck: Kessler Druck, Bobingen

© kopaed 2005
Pfälzer-Wald-Str. 64, 81539 München
Fon: 089. 688 900 98 Fax: 089. 689 19 12
e-mail: info@kopaed.de Internet: www.kopaed.de

Inhaltsverzeichnis

Einführung 7

Theoretische Grundlagen

Helga Theunert:
Geschlecht und Medien – Der Umgang von Jungen und Mädchen mit Medien 11

Dorit Meyer:
Was bedeutet Gender für die pädagogische Arbeit mit Mädchen? Welche Rolle spielen Medien? 23

Reinhard Winter:
Wenn Jungen fernsehen tun... Was bedeutet Gender für die pädagogische Arbeit mit Jungen ? 33

Beispielhafte Projekte

Andreas Kirchhoff, Ilona Herbert:
15/03 | 15/04 - Ein Filmprojekt mit Mädchen- und Jungengruppen aus Münchner Jugendtreffs 41

Ulrike Schmidt:
Geschlechtsbezogene Medienarbeit in der Schule am Beispiel von LizzyNet 49

Jens Wiemken:
HARDLINER – eine pädagogische Handlungsmöglichkeit im Umgang mit Gewaltspielen in der Arbeit mit Jungen 55

Ausblick

Klaus Schwarzer:
Gender als Mainstream oder welche Farben haben die Gendernauts?
Bausteine einer genderorientierten Medienarbeit 61

Anhang

Grundlegende und weiterführende Literatur und Links zum Thema 69
Weiterführende Links 72
Adressliste von Projektpartnern und Institutionen 74
Liste der Autorinnen und Autoren 75
DVD mit ausgewählten Filmen von Jungen- und Mädchengruppen 80

Einführung

„Jungen lieben Seifenopern, Mädchen Ballerspiele", mit diesem irritierenden Titel wurde im Herbst 2004 eine Fachtagung ausgeschrieben, die den Umgang von Jungen und Mädchen mit Medien thematisieren sollte. Veranstaltet wurde die Fachtagung vom Medienzentrum München des JFF in Zusammenarbeit mit dem Kreisjugendring München-Stadt und dem Stadtjugendamt München unter Mitwirkung des Fachforums Mädchenarbeit und des Netzwerks Jungenarbeit. Die Behauptung, dass Jungen Seifenopern lieben und Mädchen Ballerspiele, verkehrt sicher die Tatsachen, denn schließlich sind die Medien voll von Berichten über Jungen, die gewalthaltige Ballerspiele lieben und Mädchen, die sich in den Traumwelten der Daily Soaps verlieren. Somit verhält es sich gerade umgekehrt: Jungen lieben Ballerspiele und Mädchen Seifenopern. Doch ob sich das auf so einen einfachen Nenner bringen lässt, ist fraglich. Denn der Umgang von Jungen und Mädchen mit Medien ist zwar unterschiedlich, doch sicher differenzierter und vielschichtiger. Für die pädagogische Praxis ergeben sich daraus viele offene Fragen. Fragen, die sowohl die wissenschaftliche Fundierung der Mediennutzung von Jungen und Mädchen betreffen, als auch die pädagogischen Konsequenzen, die daraus zu ziehen sind. Somit war es an der Zeit, sich diesem Thema einmal genauer zu widmen und den Umgang von Jungen und Mädchen mit Medien im Rahmen einer Fachtagung zu erörtern. Die Ergebnisse liegen nun in Form dieses Buches vor. Ausgehend von grundlegenden Artikeln zum geschlechtsspezifischen Umgang mit Medien werden beispielhafte Praxisprojekte vorgestellt, die Modelle praktischer Medienarbeit mit Jungen- und Mädchengruppen aufzeigen.

Im Theorieteil gibt zunächst Helga Theunert einen Überblick über den Stand der medienpädagogischen Forschung zum geschlechtsspezifischen Umgang Heranwachsender mit Medien. Sie zeigt auf, dass in nahezu allen Dimensionen der Mediennutzung der Befund eindeutig ist: von Kindsbeinen an nutzen Jungen und Mädchen Medien unterschiedlich. Doch lässt sie es in ihrem Beitrag nicht darauf beruhen Unterschiede festzustellen, sondern versucht aufzudecken, welche Bedeutung die Medien für das sozial konstruierte und definierte Geschlecht haben. Dabei zeigt sie auf, wie sich die Medien in die gesellschaftlichen Interaktionsprozesse einklinken, in denen Genderzuschreibungen immer wieder neu erfolgen. Die Relevanz von Medien für Genderzuschreibungen verdeutlicht sie dabei exemplarisch an den Medien Fernsehen und Internet. Am Fernsehen als zentrales Orientierungsmedium für Heranwachsende und am Internet, da es als Zukunftsmedium prädestiniert ist, um aus geschlechtsspezifischen Umgangsweisen Rückschlüsse auf die gesellschaftspolitische Positionierung der Geschlechter zu ziehen.

Dorit Meyer befasst sich in ihrem Beitrag zur Bedeutung von Gender für die pädagogische Arbeit mit Mädchen zunächst einmal ausführlich mit dem Genderbegriff. Wichtig ist es ihr festzustellen, dass mit dem Begriff Gender mehr als nur eine weitere englischsprachige Bezeichnung für einen deutschen Terminus verbunden ist. Für sie ist wichtig erst einmal zu konstatieren, dass hinter dieser neuen Begrifflichkeit ein theoretischer Paradigmenwechsel steht, den es zu beachten gilt. Im Anschluss daran erläutert sie Ansatzpunkte einer pädagogischen Arbeit mit Mädchen bzw. Jungen auf der Grundlage einer genderorientierten Praxis. Dabei geht es ihr darum aufzuzeigen, dass es in der pädagogischen Arbeit mit Jungen und Mädchen zentral darum gehen muss, das Wissen um die Hintergründe der Geschlechtskonstruktion und Identitätsfindung zu thematisieren. Da die geschlechtliche Zuordnung nach Dorit Meyer permanent im eigenen Handeln hergestellt und somit auch das System der Zweigeschlechtlichkeit kontinuierlich reproduziert wird, gilt es in der pädagogischen Praxis mit Mädchen und Jungen Rahmenbedingungen zu schaffen, die die „Verflüssigung" der Geschlechteridentitäten ermöglichen. Dieser Ansatz der pädagogischen Arbeit mit Mädchen und Jungen setzt auf die Vielfältigkeit von Identitäten und Lebensweisen, der dem Definitionsdruck, dieses oder jenes Geschlecht zu sein, entgegen wirken soll. Am Beispiel des Theaters als Medium der „Verwandlung" zeigt Dorit Meyer auf, wie eine medienpädagogische Praxis unter diesem Vorzeichen aussehen kann.

Ausgehend von der Tatsache, dass das Thema Junge- und Mannsein im Rahmen der Geschlechterfrage in der Regel als problematisch gesehen wird, versucht Reinhard Winter in seinem Beitrag mit Hilfe des „Genderblicks" von der grundsätzlichen Problematisierung des männlichen Geschlechts wegzukommen. Unter Männlichkeit werden häufig Rudimente traditioneller Geschlechterideologien verstanden, wie Stärke und Härte, Durchsetzungsfähigkeit und Einzelkämpfertum. Durch „Gender" sollen nach Meinung Reinhard Winters solche reduzierende Geschlechterperspektiven auf Jungen verändert werden. Dabei geht es ihm nicht darum, mit Hilfe von „Gender" bisherige Konzepte und theoretische Zugänge zum Geschlechterthema zu negieren. Vielmehr will er mit Hilfe des Genderkonzepts die Perspektive auf Junge- und Mannsein erweitern. Es geht ihm darum nicht mehr nur „schwarz-weiß" zu sehen und Jungen und Mädchen in ihrer Unterschiedlichkeit zu thematisieren, sondern sich auf die Wahrnehmung der Vielfalt zu konzentrieren. Dabei ist es ihm wichtig festzustellen, dass es nicht um die Abschaffung der Geschlechtsunterschiede geht, sondern um eine Erweiterung der Spielräume. Der Frage, welchen Beitrag die Medien und hier vor allem das Fernsehen bei der Entwicklung und Erprobung männlicher Rollenmuster spielen, widmet Reinhard Winter ein eigenes Kapitel.

Im zweiten Teil des Buches werden drei Praxisprojekte vorgestellt, die Möglichkeiten der Medienarbeit mit Jungen und Mädchen aufzeigen. Die Praxisprojekte sollen exemplarisch einen Einblick in unterschiedliche Ansätze aktiver Medienarbeit mit Jungen- und Mädchengruppen geben und Anregungen für die eigene Praxis vermitteln. So veranschaulicht der Beitrag „15/03 | 15/04" ein Medienprojekt mit Mädchen- und Jungengruppen in Münchner Jugendtreffs. Ilona Herbert und Andreas Kirchhoff schildern hier ihre Erfahrungen mit Mädchen- und Jungengruppen, die Filme über ihre Zukunftsvorstellungen gemacht haben. Die Ergebnisse dieses Projektes können auch auf der dem Buch beiliegenden DVD angesehen werden. Hier finden sich fünf ausgewählte Filme, die zeigen, wie unterschiedlich sich Jungen und Mädchen ihre Zukunft vorstellen. Während Jungs davon träumen einmal als DJ oder Fußballstar berühmt zu werden, setzen sich Mädchen beispielsweise mit der Frage auseinander, wie die Welt im Jahr 2200 aussieht. Aufschlussreich sind dabei aber auch die eher konventionellen Interpretationen von Rollenbildern. Es wurde bewusst darauf verzichtet, diese Zukunftsvorstellungen und Rollenbilder zu kommentieren. Die Filme sollen für sich sprechen und einen Einblicke in die Träume und Wünsche der Jungen und Mädchen geben. Für eine geschlechtsbewusste und -sensible Medienarbeit bieten sich hier sicher eine Menge Anknüpfungspunkte.

Wie geschlechtsbezogene Medienarbeit in der Schule aussehen kann, zeigt Ulrike Schmidt am Beispiel von LizzyNet auf. LizzyNet ist eine Online-Plattform für Mädchen und junge Frauen im Rahmen des Projektes Schulen ans Netz. LizzyNet bietet eine speziell auf Mädchen abgestimmte Selbstlernmöglichkeit für die eigene Netzgestaltung an und eröffnet Mädchen vielfältige Möglichkeiten der Selbstdarstellung und der Kommunikation im Netz. Am Beispiel zweier konkreter Praxisprojekte schildert sie ihre Erfahrungen der Medienarbeit mit Mädchengruppen in der Schule. Vorgestellt

Einführung 9

werden die Projekte „Berufsorientierung im Internet für Mädchen" und „LizzyNet LAN-Party für Mädchen". Auch diese Projekte sind dokumentiert und können im Internet eingesehen werden. Die jeweiligen Links zu den Projekten sind im Artikel von Ulrike Schmidt angegeben.

Welche pädagogischen Handlungsmöglichkeiten sich im Umgang mit Gewaltspielen in der Arbeit mit Jungen eröffnen, vermittelt Jens Wiemken in seinem Artikel „Hardliner". Da Computerspiele immer wieder aufgrund ihrer aggressiven und gewaltverherrlichenden Inhalte problematisiert werden, besteht ein dringender Bedarf an praktischer pädagogischer Auseinandersetzung mit diesen Spielen. In seinem „Hardliner-Ansatz" zeigt Jens Wiemken auf, wie im Rahmen von Projektwochen die Spielevorlieben von Jungen aufgegriffen und in die Realität umgesetzt werden. Ihm geht es in erster Linie darum Erfahrungsräume zu schaffen, die die Spielewelten real nachvollziehbar machen. Durch die Umsetzung von gewaltverherrlichenden Bildschirmspielen in reale Situationen werden die bei Computerspielen begrenzt sinnlichen Erfahrungen in authentische Erlebnisse transformiert. Dadurch werden Reflexionsmöglichkeiten angeregt und die elektronischen Scheinwelten hinterfragbar. Da dieser Ansatz nicht von ungeschulten Pädagoginnen oder Pädagogen durchgeführt werden sollte, empfiehlt Jens Wiemken jedoch eine Fortbildung in Sachen „Hardliner". Hinweise dazu werden in seinem Artikel gegeben.

Im dritten Teil des Buches werden schließlich Perspektiven einer geschlechtsbewussten und -sensiblen Medienarbeit gegeben. Klaus Schwarzer entwickelt in seinem Beitrag „Gender als Mainstream oder welche Farben haben die Gendernauts?" Bausteine einer genderorientierten Medienarbeit.

Ausgehend von Grundlagen zum Thema Gendermainstreaming als strategischem Ansatz im Bereich der Jugendarbeit werden Bausteine einer geschlechtsbewussten und -sensiblen Medienarbeit aufgezeigt, die für eine zukünftige Medienpraxis mit Kindern und Jugendlichen bedeutsam sind. Dabei veranschaulicht er, wie mit Hilfe der 3D Methode das medienpädagogische Praxisfeld analysiert werden kann, welche Fragen auf dem Weg zu einer genderorientierten Betrachtungsweise für die Bewusstseinsprozesse der Pädagoginnen und Pädagogen wichtig sind und welche Prinzipien bei der Realisierung geschlechtsbewusster und -sensibler Medienprojekte zu beachten sind. Abschließend werden drei Praxisprojekte vorgestellt, die Perspektiven einer geschlechtsbewussten und -sensiblen Medienarbeit zum Thema haben.

Eine ausführliche Literaturliste mit grundlegender und weiterführender Literatur sowie wichtigen Links zum Thema Gender und Medien ist am Schluss des Buches zu finden. Außerdem sind hier die beteiligten Institutionen, sowie die Autorinnen und Autoren aufgeführt, die Beiträge für dieses Buch geliefert haben. An dieser Stelle soll allen, die an der Konzeption der Fachtagung mitgewirkt haben, insbesondere den Kolleginnen und Kollegen des Stadtjugendamts München, des Kreisjugendrings München-Stadt und des JFF - Institut für Medienpädagogik in Forschung und Praxis gedankt werden. Ohne die tatkräftige Unterstützung bei der Vorbereitung und Durchführung der Tagung wäre dieses Buch nicht zustande gekommen. Bedanken möchte ich mich in diesem Zusammenhang auch beim Leiter des Stadtjugendamts München, Dr. Hubertus Schröer, sowie bei der Vorsitzenden des Kreisjugendrings München-Stadt, Elke Geweniger und beim Vorsitzenden des JFF – Institut für Medienpädagogik in Forschung und Praxis, Prof. Dr. Bernd Schorb, die sich durch ihre Grußworte im Rahmen der Fachtagung im Medienzentrum München konstruktiv und aktiv in die Diskussion um das Thema Gender und Medien eingebracht haben. Gedankt werden soll aber auch dem Verleger Dr. Ludwig Schlump, der durch seine spontane Bereitschaft dem Buch auch eine DVD beizulegen, nicht unwesentlich zum Gelingen dieses Projektes beigetragen hat.
Ich hoffe, dass das Buch Anregungen gibt das Feld einer geschlechtsbewussten und geschlechtssensiblen Medienarbeit zu erweitern. Denn medienpädagogische Konzepte und Praxismodelle für die Arbeit mit Jungen und Mädchen sind derzeit noch rar. Es wäre zu wünschen, dass in Zukunft das Thema Gender in der Medienpädagogik mehr Bedeutung gewinnt und bei der Planung und Durchführung von Projekten Beachtung findet.

München, im Februar 2005
Günther Anfang

Helga Theunert

Geschlecht und Medien
Der Umgang von Mädchen und Jungen mit Medien

> ... nur mit ihren Maschinen da, mit den Lasern, mit dem Rumschießen
>
> ... das ist was für Weiber
>
> Jungen zu Soaps ...
>
> Mädchen zu Actioncartoons ...
>
> ... immer nur Liebe
>
> ... soviel ums Knutschen
>
> ... passt nur für Buben
>
> ... wenn mal was Spannendes war, dann unterhält man sich ... mit den Mädchen ... weil die interessiert das ja wahnsinnig (ein 14-Jähriger)

Ganz offenbar stehen Mädchen und Jungen auf Unterschiedliches, wenn's um „gutes" Fernsehen geht. Und ganz offensichtlich wissen sie das auch voneinander. Die Jüngeren beharren auf Abgrenzung. Die Älteren beginnen – wie der 14-Jährige – zu ahnen, dass es von Vorteil sein könnte, wenn man weiß, was das andere Geschlecht gern mag.

Wo die medienpädagogische Forschung den geschlechtsspezifischen Medienumgang von Heranwachsenden untersuchen kann, ist der Befund eindeutig: Von Kindesbeinen an zeigen sich Unterschiede, und zwar in nahezu allen Dimensionen. Das unterschiedliche Herangehen der Geschlechter an die Medien kennt auch die medienpädagogische Praxis: Wer in gemischtgeschlechtlichen Gruppen die Technik in die Hand nimmt, scheint seit Jahr und Tag eine ausgemachte Sache.

Als pädagogische Disziplin kann die Medienpädagogik es nicht dabei belassen, die Differenz zwischen den Geschlechtern zu konstatieren. Ihr Part ist es vielmehr dort, wo sie wissenschaftlich ausgerichtet ist, aufzudecken, welche Bedeutung die Medien für das sozial konstruierte und definierte Geschlecht haben, und wie sich die Medien in die gesellschaftlichen Interaktionsprozesse einklinken, in denen Genderzuschreibungen immer wieder neu erfolgen. Dort, wo Medienpädagogik praktisch ausgerichtet ist, ist es ihr Part, an der Herstellung von Geschlechtergerechtigkeit mitzuwirken, indem sie Geschlechterrollen und -verhältnisse der Reflexion Heranwachsender zugänglich

macht und diejenigen Facetten unterstützt, die einer souveränen Lebensführung und dem Abbau von Geschlechterhierarchien zuträglich sind.
Die Frage nach der Bedeutung der Medien für Genderzuschreibungen ist in Bezug auf Kinder und Jugendliche unter mehreren Blickwinkeln interessant:
1. Die Suche nach tragfähigen Geschlechterkonzepten ist eine zentrale Entwicklungsaufgabe, die sowohl die eigene Identitätsfindung betrifft, als auch die Erwartungen an das andere Geschlecht.
2. Für Kinder und Jugendliche sind Medien eine zentrale Orientierungsquelle, und zwar gerade im Hinblick auf Geschlechterattribute, -rollen und -beziehungen.
3. Die Bedeutung, die Medien in unserer Gesellschaft haben, sorgt dafür, dass einerseits medial verbreitete Vorstellungen von Frau- und Mannsein und vom Verhältnis der Geschlechter individuelles und öffentliches Gewicht erlangen, und dass andererseits aus dem unterschiedlichen Medienumgang von Mädchen und Jungen, von Frauen und Männern Rückschlüsse gezogen werden auf die Positionierung der Geschlechter in den weitgehend medial gestalteten Kommunikationssystemen.

Die Relevanz von Medien für Genderzuschreibungen will ich im Folgenden an zwei Beispielen exemplarisch verdeutlichen: Am Fernsehen, das als zentrales Orientierungsmedium – empirisch auch belegte – Anteile an den Vorstellungen von Heranwachsenden vom eigenen und vom anderen Geschlecht hat. Und am Internet, das – etikettiert als Zukunftsmedium – prädestiniert ist, um aus geschlechtsspezifischen Umgangsweisen Rückschlüsse auf die gesellschaftliche Positionierung der Geschlechter zu ziehen. Zuvor jedoch zwei generelle Anmerkungen zum Medienumgang in Kindheit und Jugend.

■ Medienumgang in Kindheit und Jugend

Die erste Anmerkung betrifft die **Medienzuwendung im Verlauf des Heranwachsens**. Das Schaubild auf Seite 13 verdeutlicht, dass noch vor Ende der Kindheit das gesamte Medienensemble – hier konzentriert auf audiovisuelle und digitale Medien – in Gebrauch ist.[1]

Das **Fernsehen** begleitet Kinder dabei von klein auf und ist über alle Altersstadien hinweg das am häufigsten genutzte Medium. Am Ende der Kindheit (mit 12/13 Jahren) hat z.B. bereits jedes zweite Kind ein eigenes Gerät. Der **Computer** kommt etwas später ins Medienmenü, am Ende des Vorschulalters. Ab ca. 10 Jahren haben fast alle Heranwachsenden PC-Erfahrung und nutzen ihn regelmäßig, Bildungsbevorzugte tun das intensiver. Im Jugendalter verfügt fast die Hälfte über einen eigenen PC. Dem **Internet** wenden sich unter 10-Jährige selten eigenständig zu. Ab dann aber gilt: Je älter und je höher die Bildung, desto höher der Anteil der Internetnutzenden. Der eigene Zugang ist erst im Jugendalter nennenswert. Er steigt von einem Fünftel bei den 12/13-Jährigen auf die Hälfte bei den 18/19-Jährigen. Die Haushalte, in denen Kinder und Jugendliche leben, sind jedoch mittlerweile gut ausgestattet: 57% bzw. 80%, in denen Kinder bzw. Jugendliche leben, haben einen Internetanschluss.
Ein Blick auf die **Wertschätzung** der Medien im Altersverlauf, zeigt, dass das Fernsehen v.a. den Kindern wichtig ist. Drei Viertel deklarieren es als unverzichtbar. Den PC finden wir ab Mitte des

---

[1] Die folgenden Daten zur Nutzungsstruktur entstammen den Studien KIM 2003 und JIM 2002 hrsg. vom Mpfs 2003.

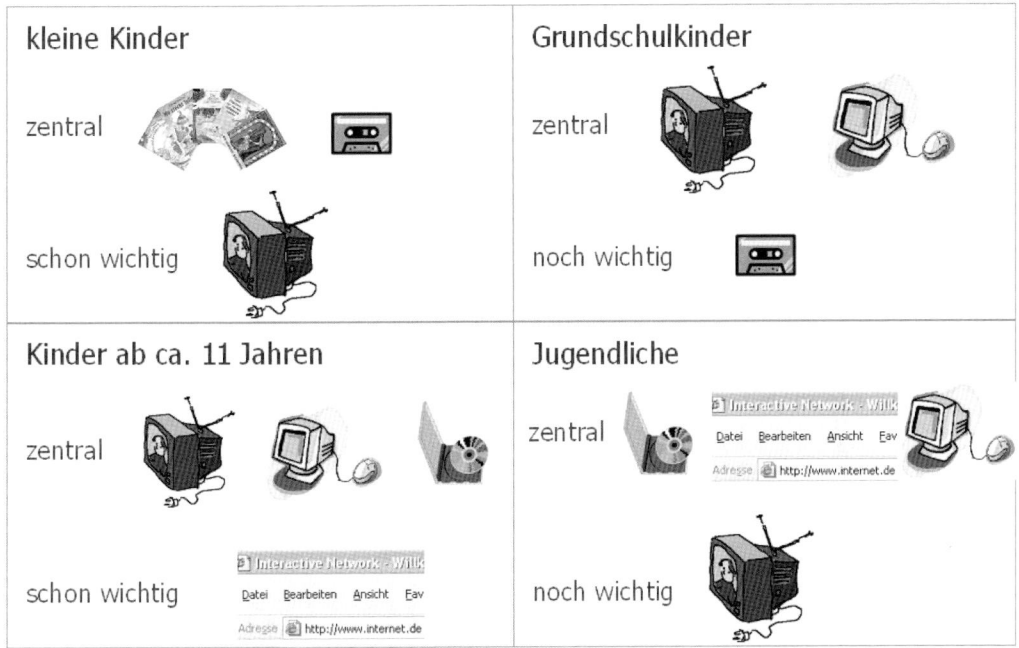

Grundschulalters unter den drei wichtigsten Medien. Das Internet wird erst im Jugendalter richtig wertgeschätzt: Bei den 9/10-Jährigen liegt es auf dem letzten Platz der wichtigen Medien. Bei den 13/14-Jährigen erreicht es den fünften, und bei den 15/16-Jährigen dann den dritten Platz. Die Musikmedien avancieren bereits während des Grundschulalters zu den wichtigsten Medien und dabei bleibt es.

Bemerkenswerte **geschlechtsspezifische Nutzungsstrukturen** zeigen sich v.a. beim PC: Über die Altersgruppen hinweg besitzen Jungen häufiger einen eigenen, nutzen ihn intensiver und er ist ihnen wichtiger. Für über ein Drittel der männlichen Jugendlichen ist der Computer dasjenige Medium, auf das sie am wenigsten verzichten möchten. Die hohe PC-Affinität hängt mit der Spielbegeisterung des männlichen Geschlechts zusammen. Bis zur Mitte des Jugendalters dominiert diese die PC-Nutzung. Auch bei den Musikmedien zeigen sich Unterschiede, die mit dem Geschlecht zusammen hängen: Mädchen aller Altersgruppen nutzen sie häufiger und geben ihnen mehr Gewicht. Sie sind im Übrigen auch die eifrigeren Radiohörerinnen. Sobald allerdings Technisches ins Spiel kommt, wie beim Musikdownload aus dem Internet, haben die Jungs die Nase vorn.

Die zweite Anmerkung betrifft das komplexe Geflecht der **Medienaneignung**.[2] Heranwachsende wie Erwachsene beziehen die Medien generell aktiv in ihr Leben ein. Vor dem Hintergrund ihrer individuellen und sozialen Lebenskontexte wählen sie aus dem verfügbaren Medienensemble aus, schenken Inhalten Aufmerksamkeit oder vermeiden sie, realisieren aktive Nutzungsmöglichkeiten oder ignorieren sie.

---

2 Die im folgenden nur skizzierten Zusammenhänge sind u.a. in verschiedenen Untersuchungen des JFF-Institut für Medienpädagogik empirisch belegt. Für einen Überblick siehe www.jff.de

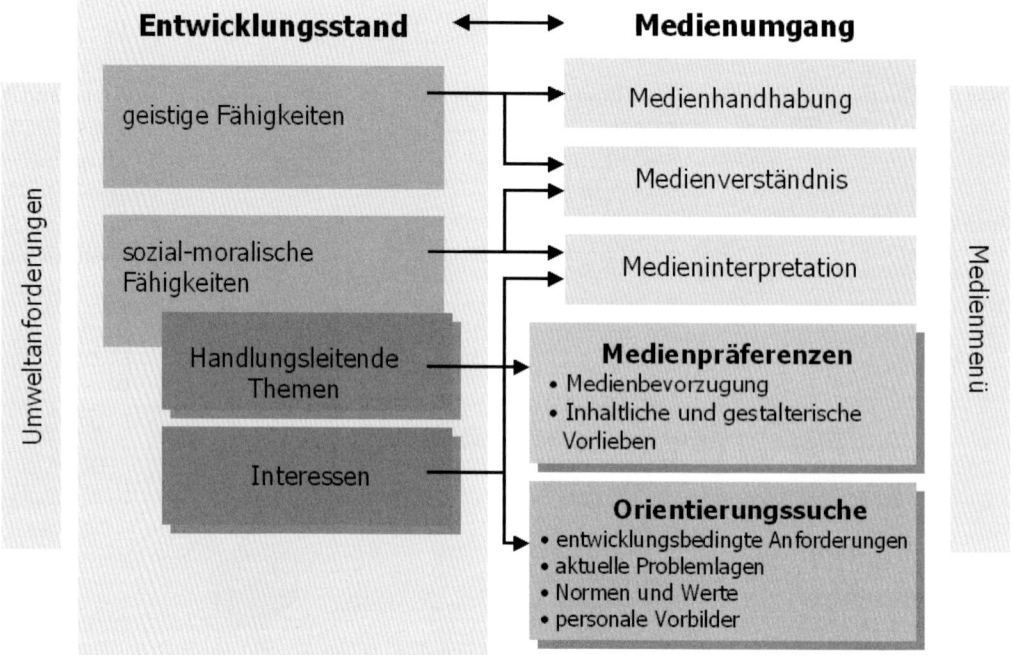

Bei Heranwachsenden, v.a. bei Kindern, moderieren die jeweils erreichten geistigen und sozial-moralischen Fähigkeiten den Umgang mit Medien. Davon hängt z.B. ab, ob Medienbotschaften dechiffriert werden können. Dafür, welche Botschaften überhaupt angesteuert werden und wie sie interpretiert werden, geben die handlungsleitenden Themen und die Interessen den Ausschlag.

Der Begriff **handlungsleitende Themen** steht für all die Bereiche, die Kinder und Jugendliche im Prozess des Heranwachsens beschäftigen. Ein Großteil steht in Verbindung mit den Entwicklungsaufgaben, die in den verschiedenen Altersstadien zu bewältigen sind. Das Geschlecht ist in diesem Zusammenhang ein wichtiger Differenzierungsfaktor. Der andere Teil hängt mit den persönlichen Lebenskontexten zusammen und weist ein entsprechend breites Spektrum von persönlichen sowie sozial, kulturell und ethnisch diskriminierten Anforderungen auf. In beiden Kontexten suchen Kinder und Jugendliche auch nach ethisch-normativen Vorgaben, um ihr eigenes Wertgefüge zu überprüfen und zu komplettieren, und sie halten Ausschau nach erstrebenswerten Persönlichkeitsfacetten oder personalen Vorbildern. Die handlungsleitenden Themen sind die treibende Kraft für die Orientierungssuche, eine Art Dreh- und Angelpunkt im alltäglichen Medienumgang, bei der die Suche nach geschlechtlicher Identität eine wichtige Rolle spielt. Die Medienangebote fungieren dabei als eine Art Studienobjekte, wie z.B. im Fall des Fernsehens, oder sie fungieren als Experimentierräume, wie z.B. im Fall von Chats, um das eigene bereits entwickelte Geschlechtskonzept zu spiegeln, abzuprüfen und gegebenenfalls zu erweitern.

Die **Interessen** sind ebenfalls eng mit dem Selbstkonzept verwoben und geben Auskunft darüber, wozu jemand aktuell Wissen und Können als wichtig und erstrebenswert erachtet. V.a. im Jugendalter und hier im Kontext der Peer group spielt die Ausbildung, Veränderung und Stabilisierung von Interessen eine große Rolle. Medien, allen voran die mit dem Computer verwobenen Angebote, markieren ein explizites Interessensgebiet, das bei männlichen Heranwachsenden deutlich stärker ausgeprägt ist.

■ Geschlechtsspezifische Nutzung des Internet

Wenn nachfolgend vorwiegend von älteren Kindern und Jugendlichen die Rede ist, dann liegt das daran, dass die multifunktionalen Möglichkeiten des Internet erst mit zunehmendem Alter voll genutzt werden.

Was die Zugangsmöglichkeiten zum Internet und die durchschnittliche Nutzungsfrequenz angeht, so zeigen sich in der Altersgruppe der 12- bis 19-Jährigen zunächst keine auffälligen Geschlechtsunterschiede: Weibliche und männliche Heranwachsende liegen dicht beieinander. Die entscheidende Differenz verläuft auf dieser Ebene zwischen den Bildungsmilieus: Im Gymnasium haben fast alle Interneterfahrung, in der Hauptschule nur zwei Drittel. Steigt man etwas tiefer in die Nutzungsstrukturen ein, treten jedoch auch Geschlechterdifferenzen zu Tage: Die Jungen haben häufiger einen eigenen Internetzugang (35% zu 20%) und auch bei der intensiven Nutzung liegen sie vorn (66% zu 59%).[3]

Noch auffälliger werden die geschlechtsspezifischen Unterschiede bei den bevorzugten Aktivitäten im Internet. Für die Gruppe der 9- bis 19-Jährigen stellen sie sich folgendermaßen dar.[4]

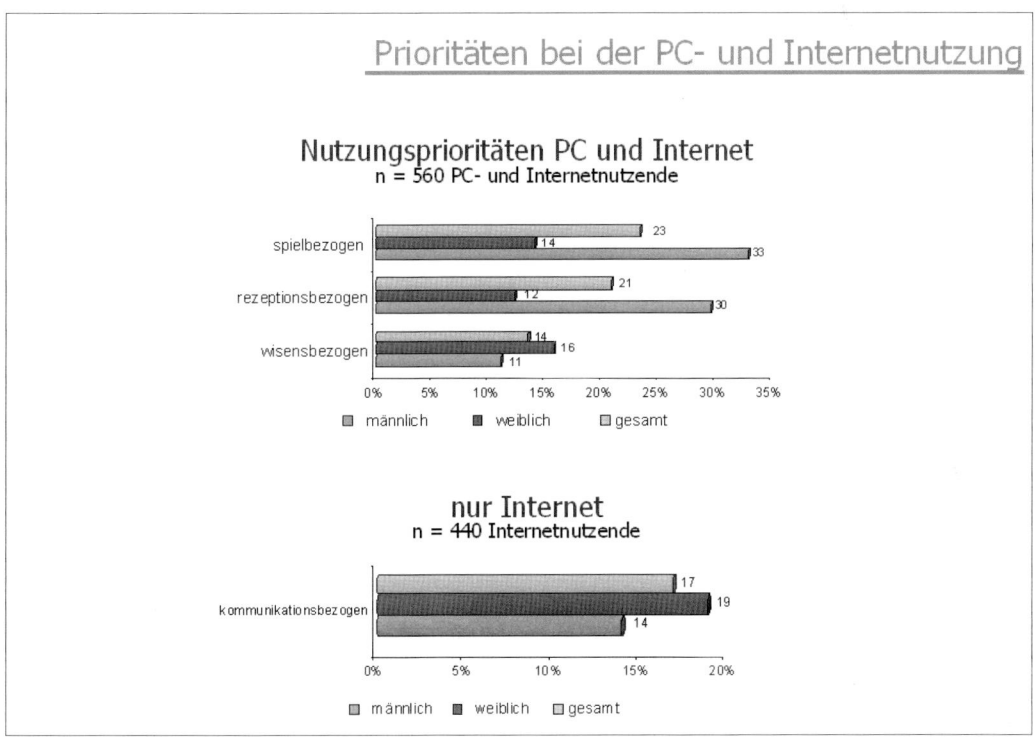

Wenn es darum geht, über das Netz zu kommunizieren, also zu emailen, zu chaten, sich an Foren oder Newsgroups zu beteiligen, oder wenn es darum geht, sich Lernunterstützung oder Informationen verschiedenster Art zu besorgen, dann sind die weiblichen Heranwachsenden vorn dran. Wenn es darum geht, zu spielen oder sich sonst wie zu vergnügen, mit unterhaltsamen Musik- oder

---

3 vgl. JIM 2002
4 vgl. zu den folgenden Aussagen Wagner u.a. 2004

Filmdateien beispielsweise, dann ist das eine Domäne der männlichen Heranwachsenden. Einzelbefunde zu zwei Bereichen unterstreichen das: Vernetztes Spielen gehört für ein Fünftel der Jungen zum Medienalltag und 13% besorgen sich Spiele und Spielezubehör aus dem Internet. Dem stehen jeweils 2% bzw. 3% der Mädchen gegenüber. Musikdateien holen sich 35% der Jungen, aber nur 14% der Mädchen aus dem Internet.

Diese Befunde zu geschlechtsspezifischen Unterschieden aus den JFF-Konvergenz-Studien[5] sind verschiedentlich, auch durch Untersuchungen mit Erwachsenen, bestätigt. Auf einen knappen Nenner gebracht, könnte man sagen: Das Internet ist für Mädchen und Frauen in erster Linie ein Instrument, das ziel- und gebrauchswertorientiert gehandhabt wird. Diese funktionale Ausrichtung entspricht im Übrigen auch ihrem Umgang mit dem PC. Für Jungen und Männer ist das Netz hingegen eine faszinierende Welt aus Technik, Spiel und sonstigen Vergnügungen, die sie explorativ und ausdauernd durchforsten. Auch das passt zu ihrem Umgang mit dem PC.[6]

Das empirische Wissen zum geschlechtsspezifischen Umgang von Heranwachsenden mit dem Internet ist nicht gerade üppig und insbesondere qualitative Dimensionen sind bisher marginal. Doch die vorliegenden Befunde konturieren einen Unterschied recht deutlich: Die Technik bleibt eine männliche Domäne: Für Hardware, technische Details und Software-Finessen begeistern sich die Jungen.[7] Sie ergründen die PC- und Netzwelten, vernetzen sich, hegen und pflegen ihren PC (manche verschönern ihn sogar mit kunstvollen Basteleien), sie können endlos drüber reden und sie sind die eigentlichen Konsumenten des einschlägigen Zeitschriftenmarktes. Sie sind aber auch diejenigen, die in den Spielewelten abtauchen und sich verlieren können.

Dass die daraus resultierende Zuschreibung funktioniert, zeigt sich im **Selbst- und Fremdbild der Geschlechter**: Mädchen und Frauen äußern wenig Zutrauen zu ihren technischen Fähigkeiten. Jungen und Männer legen hingegen ein erhebliches Selbstbewusstsein an den Tag. Selbst wenn sie bloß spielen, reden sie gern von der „Beherrschung einer zukunftsweisenden Technik". Der Mann als Macher und Gestalter technischer Welten – ein traditionsreiches Männerbild wird über den Umgang mit den neuen Medien aktiviert.

■ Geschlechtsspezifische Aneignung des Fernsehens

Was das Fernsehen betrifft, so ist das empirische Wissen zum Umgang von weiblichen und männlichen Kindern und Jugendlichen nicht so dünn und es reicht v.a. bis zur Alltagsrelevanz von medial präsentierten Geschlechterkonzepten.

Das Fernsehen nutzen Mädchen und Jungen gleichermaßen oft und gerne, und zwar in der Kindheit und in der Jugend. Für das Ausmaß des Konsums sind Alter und soziales Milieu die entscheidenden Diskriminierungsfaktoren. Die Präferenzen jedoch werden deutlich vom Geschlecht gesteuert. Das beginnt mit dem Grundschulalter und bleibt so mindestens bis die Pubertät zu Ende ist.[8]

---

5   Seit 2001 werden am JFF Umgangsweisen von Kindern und Jugendlichen mit dem zunehmend konvergierenden Medienensemble kontinuierlich untersucht. Vgl. www.jff.de und www.medienkonvergenz-monitoring.de
6   vgl. auch Wischemann 2004
7   vgl. Böhnisch 2004
8   Die folgenden Ausführungen basieren v.a. auf die am JFF durchgeführten Untersuchungen zu Fernsehrezeption von Kindern und Jugendlichen, z.B. Theunert, Schorb 1996, Theunert, Gebel 2000. vgl. insgesamt www.jff.de

Geschlechtsspezifisch sind erstens die inhaltlichen Vorlieben. Abgesehen davon, dass beide Geschlechter Witziges lieben, ist schnell auf den Punkt gebracht, worauf sie sich im Angebot jeweils konzentrieren: Bei den weiblichen Heranwachsenden ist das ab Beginn des Grundschulalters Alltagsnahes mit Beziehungs- und Gefühlsbetonung. Die männlichen Heranwachsenden stehen schon ab Ende des Vorschulalters auf Action und Spannungsreiches und das darf auch in außerirdischen Sphären angesiedelt sein.

Dieser Fokus schlägt sich in den **favorisierten Sendungen** nieder, egal ob diese aus dem Zeichentrick-, Serien- oder Spielfilmbereich stammen. Bei Mädchen sind seit Jahren die Daily Soaps die Renner. Weit über die Hälfte der 9- bis 11-Jährigen favorisiert eine Serie diesen Genres. Bei den 12/13-Jährigen sind es sogar über vier Fünftel. An der Spitze rangiert *Gute Zeiten, schlechte Zeiten* (RTL). Die Jungen schätzen in allen Formaten die Spannungsgenres: Action, Mystery, Krimi, Science Fiktion. Seit es die Animes gibt, erfreuen sich nicht mehr nur die Grundschulbuben an gezeichneter Action – entsprechende Härtegrade vorausgesetzt, haben die Animes auch den männlichen Jugendlichen noch etwas zu bieten. Bei den älteren Jungen wird der Bildungshintergrund relevant. Ist er niedrig, geht der Trend klar zu härterer Action.

Geschlechtsspezifisch sind zweitens die Figurenvorlieben und damit verbunden die Wahrnehmung von typisch männlichem und weiblichem Verhalten in sozialen Zusammenhängen, in Konfliktsituationen und in der Beziehung zum anderen Geschlecht.

Schon zu Beginn des Grundschulalters werden unterschiedliche Fernsehfiguren bevorzugt, meist die des eigenen Geschlechts. Bei den Jungen ist das nahezu ausschließlich der Fall. Vielen Jüngeren geraten z.B. weibliche Figuren in den Cartoons gar nicht erst in den Blick. Die älteren männlichen Heranwachsenden beginnen dann schon, die Frauenfiguren im Fernsehen zu begutachten. Die Favorisierung von weiblichen Figuren ist jedoch ausgesprochen selten. Als eine der wenigen Ausnahmen imponiert die stets überlegt agierende Dana Scully aus der Mystery-Serie *Akte X* sogar einigen Jungen. Die Mädchen halten im Gegenzug von klein auf Ausschau nach weiblichen Figuren. Wenn sie nichts Passendes finden, weichen die jüngeren auf Tierfiguren mit weiblichen Charakterzügen aus. Solange sie unverkennbar sozial agieren, kommen auch männliche Figuren in Frage. Die älteren Mädchen haben einen weiteren Typus von Lieblingsfiguren: Den männlichen Traumpartner, für den sie in Schwärmereien ausbrechen.

Wirft man einen Blick ins aktuelle Fernsehprogramm, konturieren sich schnell eine ganze Reihe von Bildern vom Frau- und Mannsein, die Chancen haben, bei Heranwachsenden Zuspruch zu finden. **Für Mädchen** gibt es z.B. pfiffige oder durchsetzungsfähige Mädchen, die im Kinderprogramm nicht mehr selten sind. Oder harte Kämpferinnen, bei denen im Grunde nur männliches Verhalten in weibliche Körper verpackt ist. Oder junge Frauen, die um Männer rivalisieren – ein ergiebiges Soap-Szenario, aber auch in Talkshows u.ä. zu finden. Und natürlich fehlt auch das Frauenbild schlechthin nicht: die Schönheit. **Für Jungen** gibt es z.B. Draufgänger und Kämpfer, die man nicht lang suchen muss, weder im fiktionalen Bereich noch in Angeboten des Real-Life-TV wie *Jackass* (MTV) u.ä. Frauenhelden und Sprücheklopfer gibt es ebenso in großer Zahl und auch erfolgreiche Geschäftsmänner und technische Genies. Gekoppelt mit den Frauen- und Männerbildern werden an das heranwachsende Publikum zugleich Vorstellungen von den **Beziehungen der Geschlechter** herangetragen. Die Daily Soaps halten hier einiges bereit. Eine der typischen Soap-Beziehungen funktioniert nach dem Motto: Haben sich erst mal die Richtigen gefunden, funktioniert das auch mit der harmonischen Beziehung. Und gibt's doch mal Krach, dann ist mit ein bisschen Großer-Junge-Charme und mit verständnisvoller weiblicher Nachgiebigkeit schnell alles wieder ins Lot zu bringen.

Solche medial propagierten Bilder und Vorstellungen setzen Mädchen und Jungen zu ihrem eigenen Leitbild, also zu ihrem gegenwärtigen Status als Persönlichkeit und Geschlechtswesen in Beziehung, spiegeln sich in den medialen Vorgaben, prüfen ihre eigenen aktuellen und auf die Zukunft gerichteten Vorstellungen daran ab und lassen sich von dem anregen, was sie für sich als passend beurteilen. Folgende – aus verschiedenen JFF-Untersuchungen[9] gespeiste – Auffälligkeiten sind dabei bedenkenswert:

In der **Kindheit** konzentrieren sich Mädchen wie Jungen auf Vorstellungen von Frau- und Mannsein, die auf Seiten der Medien holzschnittartig gezeichnet und z.T. von tradierten Klischees dominiert sind. Die **Mädchen** im Grundschulalter charakterisieren z.B. Schönheit, soziale Fürsorglichkeit und Nachgiebigkeit als wichtige Weiblichkeitsattribute. Diese Attribute schätzen sie an weiblichen Medienfiguren und ziehen sie auch für sich selbst in Erwägung. Agieren weibliche Medienfiguren in sozialen Kontexten achten die Mädchen besonders auf den Umgang mit psychischen Konflikten – diesen Fokus behalten sie auch im Jugendalter bei. In Bezug auf Liebesbeziehungen – für Mädchen früher interessant als für Jungen – dominieren ebenfalls klischeehafte und stark idealisierte Vorstellungen von märchenhafter Zweisamkeit und Harmonie. Die **Jungen** im Grundschulalter favorisieren das Männlichkeitsideal des starken, aktiven Mannes, der sich in einer bedrohlichen Umwelt und in physischen Konfliktsituationen erfolgreich behauptet. Mit diesem Ideal speisen sie ihre Allmachtsphantasien. Nur wenige aber ziehen es ernsthaft für sich in Erwägung, bei ihnen hat das soziale Milieu unverkennbar eine große Bedeutung. Die Beziehung zum anderen Geschlecht spielt für Jungen in diesem Alter so gut wie gar keine Rolle. Nur wenige Mädchen und Jungen im Grundschulalter achten auf emanzipiertere Vorstellungen zum eigenen und zum anderen Geschlecht und sie stammen durchgängig aus höheren Bildungsmilieus.

Das ändert sich im **Jugendalter**, beide Geschlechter werden nun sozusagen realistischer und flexibler: Nun finden z.B. auch Rollenvorstellungen Aufmerksamkeit, die nicht primär von der Geschlechtszugehörigkeit bestimmt sind, etwa der „souveräne Mensch", der sein Leben bewältigt. Auf allen Ebenen spielt jedoch das Herkunftsmilieu verstärkt hinein. Bei Jugendlichen aus bildungsbenachteiligten Milieus fallen die holzschnittartigen klischierten Männer- und Frauenbilder weiterhin auf fruchtbaren Boden. Gleiches gilt für tradierte Beziehungsvorstellungen wie z.B. ‚Die Frau als Anhängsel des Mannes'. Das Bild vom allzeit wehrhaften Mann findet allerdings auch hier nur noch vereinzelt Zuspruch und wenn, dann ist es eher der in einen wehrhaften Verband eingebettete Mann.

Was das Fernsehen an Vorstellungen von Frau- und Mannsein propagiert hat Gewicht für die Geschlechterkonzepte von Heranwachsenden. Das gilt dafür, was für das eigene Geschlecht aktuell und im Hinblick auf die Zukunft in Erwägung gezogen oder wertgeschätzt wird. Das gilt für die Vorstellungen und die Erwartungen, die an das andere Geschlecht herangetragen werden. Und das gilt dafür, welche weiblichen und männlichen Verhaltensweisen als beziehungsfähig angesehen werden. Die eigenen Erfahrungen als Persönlichkeit und Geschlechtswesen korrigieren hier mit zunehmendem Alter die klischeehaften und tradierten Vorstellungen der Medien. Dabei allerdings sind die Heranwachsenden aus bildungsmäßig und sozial benachteiligten Milieus deutlich im Nachteil. Für sie bleiben die medialen Geschlechterbilder weiterhin nicht nur „Lustpunkte" der Phantasie[10], sondern können zu Leitvorstellungen für die Wirklichkeit avancieren.

---

9   vgl. www.jff.de
10 vgl. Böhnisch 2004

■ Genderzuschreibungen durch Medien – Zusammenfassung und Handlungserfordernisse

Drei Aspekte sind m.E. zusammenfassend für die Frage nach der Bedeutung von Medien für Genderzuschreibungen besonders relevant:

1. Weibliche und männliche Heranwachsende zeigen in allen Altersstadien einen **unterschiedlichen Medienumgang**. Das betrifft die Zuwendung zu den Segmenten des Medienmarktes, die Vorliebe für Medien, Inhalte und Tätigkeiten, und die Wertschätzung von Inhaltselementen und funktionalen Nutzungsmöglichkeiten. Diese Differenz im Medienumgang ist ebenso wenig wie die Geschlechterdifferenz selbst als defizitär zu betrachten. Es ist ganz sicher kein Mangel, dass Mädchen für ihre PCs nicht eigens Gehäuse schnitzen. Im unterschiedlichen Medienumgang kommen die Selbst- und Fremdzuschreibungen zu den Geschlechtern zum Ausdruck, und zwar die realen und die medialen.

2. **Medien haben Anteil an der sozialen Konstruktion der Geschlechter.** Sie beeinflussen die Zuschreibungen von Äußerlichkeiten, Eigenschaften und Fähigkeiten, die Zuweisung von Rollenmerkmalen, die Vorstellungen von Geschlechterbeziehungen und die Haltung zum Status der Geschlechter im gesellschaftlichen Leben. Die Vorgaben der Medien, egal ob sie traditionell oder zeitgemäß, realistisch oder klischiert, diskriminierend oder emanzipativ sind, werden jedoch nicht einfach übernommen. Im Wechselspiel von medialen und realen Offerten werden sie geprüft, verworfen oder passgerecht integriert. Mediale Männer- und Frauenbilder verstärken also in der Regel real bereits angelegte Konzepte. In manchen Fällen, dann nämlich, wenn die eigene Realität als unbefriedigend empfunden wird, können sie aber auch zur besseren Alternative geraten. Die Perpetuierung wenig wünschenswerter Geschlechterkonzepte kann somit als die ungünstige Wirkrichtung der Medien betrachtet werden.

3. Weder für den Medienumgang, noch für die Anfälligkeit gegenüber problematischen medialen Geschlechterkonzepten, ist jedoch durchgängig und allein die **Strukturkategorie Geschlecht** ausschlaggebend[11]. Sie **liegt quer zu anderen Strukturkategorien**. Eine ist das **Alter**. Hier gilt – etwas vergröbert – je jünger, desto mehr Chancen auf Aufmerksamkeit haben klischeehafte Medienkonzepte von Frau- und Mannsein. Eine weitere ist die **kulturelle und ethnische Herkunft**. Sie hat Einfluss auf das Rollenverständnis und – so ist anzunehmen, denn hier fehlen empirische Belege – damit auch darauf, wie sich mediale Geschlechterkonzepte einklinken.
Eine höchst relevante Strukturkategorie, die sich mit dem Geschlecht koppelt, ist aber das **soziale Milieu**. Alle Untersuchungen verweisen darauf, dass von den risikoreichen Angeboten des Medienmarktes von klein auf diejenigen Kinder und Jugendlichen besonders stark tangiert werden, die in bildungsmäßig benachteiligten oder sozial belasteten Milieus aufwachsen. Diese Heranwachsenden nutzen Medien exzessiv: Hier bündeln sich z.B. die Vielseher oder die Vielspieler (die männliche Form ist bewusst gewählt, denn in beiden Gruppen dominiert das männliche Geschlecht). Diese Heranwachsenden zeigen problematische Medienvorlieben: So finden wir hier z.B. männliche Actionfans, aber auch weibliche Heranwachsende, die in Kitsch- und Traumwelten abtauchen. Diese Heranwachsenden sind am wenigsten in der Lage, aus den Medien Nutzen zu ziehen: Das gilt z.B. für das Internet als Kommunikations- und Partizipati-

---

11 vgl. Wischemann 2004

onsmittel. Das soziale Umfeld, v.a. die im Altersverlauf immer wichtiger werdende Peer group, hat verstärkende Effekte, denn neben den Lebensbedingungen werden in der Regel auch die Medienvorlieben geteilt. Die risikoreichen Offerten des Medienmarktes öffnen diesen Kindern und Jugendlichen Sackgassen und können die Entwicklung tragfähiger Lebens- und Geschlechterkonzepte nachhaltig behindern. Ein Beispiel dafür sind weibliche Teenager, die Talkshows, Daily Soaps und ähnliche Formate als realitätshaltiges Anschauungsmaterial für den Umgang mit Liebe, Freundschaft und sozialen Gemeinschaften werten, und meinen, davon im Sinne einer Lebensberatung profitieren zu können. Ein anderes Beispiel sind männliche Heranwachsende, die über die action- und gewalthaltigen Medienangebote fortwährend die unabdingbar mit Körperkraft, Durchsetzungsstärke und Macht verquickte Männlichkeitsideale bestärken. Der Unterschied, den das Geschlecht ausmacht, besteht darin, dass für weibliche und männliche Heranwachsende andere Arten von Risiken entstehen. Die Risiken für die männlichen Heranwachsenden geraten dabei deutlicher in den öffentlichen Blick, da sie besonders gern gewalthaltige Medienvorlieben pflegen. Romantische Träume, denen viele weibliche Heranwachsende aus diesen Milieus nachhängen, gelten hingegen weniger als Problem oder gar als Gefahr.

Welche **Konsequenzen** sind vor diesem Hintergrund zu ziehen?

1. Auf **medienpolitischer Ebene** ist dafür Sorge zu tragen, dass die Medien, v.a. in den kinder- und jugendrelevanten Angeboten, Geschlechterkonzepte präsentieren, die zumindest „sozial verträglich" sind. Stereotype von Weiblichkeit und Männlichkeit, tradierte Rollenklischees, hierarchische Geschlechterbeziehungen oder eine bloße Umkehrung der Zuschreibungen sind das nicht. Zudem muss die Untersuchung des geschlechtsspezifischen Umgangs mit allen Medien mehr Gewicht erhalten und es müssen entsprechende Ressourcen bereit gestellt werden. Die Berücksichtigung kultureller Eigenheiten ist dabei zu integrieren.

2. Auf **bildungspolitischer Ebene** ist sicher zu stellen, dass weibliche und männliche Heranwachsende – unabhängig von sozialer und ethnischer Herkunft – gleiche Zugangschancen zum gesamten Medienensemble haben, und dass der Medienumgang der Geschlechter nicht primär nach wirtschaftlichen Erfordernissen als defizitär qualifiziert und in der Folge mit kompensatorischen Maßnahmen angeglichen wird. Maßstab für eine Beurteilung des Medienumgangs muss die Möglichkeit zu souveräner Lebensführung sein. In allen Bildungsfeldern sind zudem Ressourcen für geschlechtsbezogene Medienarbeit einzufordern.

3. Abgesehen davon, dass (Medien-)Pädagogik diese medien- und bildungspolitischen Forderungen im öffentlichen Diskurs einbringen muss, konzentriert sich der **pädagogische Handlungsbedarf** auf folgende Schwerpunkte:
   Im Sinne eines kritisch-reflektierenden Medienumgangs geht es darum, Heranwachsende darin zu unterstützen, schieflagige Geschlechterkonzepte in den Medien zu dechiffrieren, ihre Wirksamkeit abzuschätzen, sich persönlich davon zu distanzieren und gegen sie einzutreten.
   Im Sinne eines selbstbestimmten Medienumgangs geht es darum, Heranwachsende anzuregen, ihre Zugangsweisen und Vorlieben daraufhin zu reflektieren, ob sie nur praktiziert werden, weil sie als geschlechtsadäquat gelten, oder ob sie auf selbstbewusster Entscheidung fußen. Wenn Letzteres der Fall ist und zugleich eine souveräne Lebensführung nicht behindert wird, gilt es das Selbstbewusstsein zu stärken.

Im Sinne eines aktiven und partizipatorischen Umgangs mit Medien, gilt es, allen Heranwachsenden Räume zu öffnen, damit sie sich die kommunikativen Potenziale der Medien aneignen und diese geschlechtsbezogen und geschlechtsunabhängig gleichermaßen nutzen können. Zwar ist geschlechtsbezogene Arbeit für alle Kinder und Jugendlichen wichtig, **im Sinne von Chancengleichheit** sind aber für Heranwachsende aus prekären Milieus besondere Anstrengungen notwendig.

Geschlechtsbezogene Arbeit ist ein komplexes Unterfangen. Sie erschöpft sich nicht darin, mit Mädchen- oder Jungengruppen zu arbeiten und ihre geschlechtsspezifischen Sichtweisen zur Sprache zu bringen. Niemand agiert nur als „Mädchen" oder als „Junge", als „Frau" oder als „Mann". Die sozialen, kulturellen und persönlichen Lebensumstände beeinflussen uns als Menschen und als Geschlechtswesen. Geschlechtsbezogene Arbeit muss diese Komplexität aufnehmen, sich nicht nur mit der Dualität der Geschlechter, sondern auch mit der Vielfalt innerhalb der Geschlechter befassen.

Literatur

Böhnisch, L. (2004). Männliche Sozialisation. Eine Einführung. Weinheim, München. Darin v.a.: Technik, Konsum und Medien – zwischen Geschlechternivellierung und maskuliner Aufforderung, S. 63-76

Mpfs – Medienpädagogischer Forschungsverbund Südwest (Hrsg.) (2003). Baden-Baden.
- KIM-Studie 2003. Kinder und Medien, Computer und Internet. Basisuntersuchung zum Medienumgang 6- bis 13-Jähriger
- JIM-Studie 2002. Jugend, Information, (Multi-)Media. Basisdokumentation zum Medienumgang 12- bis 19-Jähriger.

Theunert, H., Schorb, B. (Hrsg.). (1996). Begleiter der Kindheit. Zeichentrick und die Rezeption durch Kinder. BLM-Schriftenreihe Bd. 37. München.

Theunert, H., Gebel, C. (Hrsg.). (2000). Lehrstücke fürs Leben in Fortsetzung. Serienrezeption zwischen Kindheit und Jugend. BLM-Schriftenreihe Bd. 63. München.

Wagner, U., Theunert, H., Gebel, C., Lauber, A. (2004). Zwischen Vereinnahmung und Eigensinn – Konvergenz im Medienalltag Heranwachsender. BLM-Schriftenreihe Bd. 74. München.

Wischemann, U. (2004). Der Kommunikationsraum Internet als Gendered Space. In: Medien & Kommunikationswissenschaft 52/Jg 2004/2, S. 214-229.

Dorit Meyer

Was bedeutet Gender für die pädagogische Arbeit mit Mädchen? Welche Rolle spielen Medien?

In diesem Beitrag soll zunächst auf die Begrifflichkeit Gender eingegangen und die Hintergründe dieser Kategorie beleuchtet werden. Daran anschließend soll die Bedeutung der Begrifflichkeit Gender für die pädagogische Arbeit mit Mädchen thematisiert, bzw. erläutert werden, wo Ansatzpunkte liegen, wenn es darum geht, die Gender-Dimension in die pädagogische Arbeit mit Mädchen bzw. Jungen zu integrieren. Abschließend soll die Relevanz von Gender in Bezug auf medienpädagogische Handlungsfelder und die medienpädagogische Arbeit mit Mädchen (und Jungen) spezifiziert werden. An dieser Stelle soll ein „altes Medium", das Theater in Augenschein genommen werden, das vielleicht schon als ein uraltes Medium gilt, wenn inzwischen schon vom Fernsehen als „altem Medium" gesprochen wird.

Doch zunächst zu der Begrifflichkeit Gender, die ja den meisten AkteurInnen in der Kinder- und Jugendhilfe inzwischen als Begrifflichkeit geläufig ist und die auch in den meisten Diskussionen Verwendung findet. Gleich vorweg: Gender ist mehr als eine weitere englischsprachige Bezeichnung für einen deutschen Terminus, was wir zur Zeit allenthalben erleben. Hinter dieser neuen Begrifflichkeit steht ein theoretischer Paradigmenwechsel, den es zu beachten gilt.

Im Gegensatz zur deutschen Sprache wird im Englischen zunächst zwischen Sex, dem biologischen Geschlecht, und Gender, dem sozialen und kulturellen Geschlecht, unterschieden. Die Relation zwischen Sex und Gender ist in der Frauen- und Geschlechterforschung Anfang der 90er Jahre intensiv diskutiert worden und hat dort zu heftigen Auseinandersetzungen geführt (Feministische Studien, 1992). Im Folgenden soll in knapper Form auf diese Diskurse und ihre Implikationen eingegangen werden, um die Bedeutung der Gender-Kategorie herauszustellen. Es soll in diesem Zusammenhang ein Schwerpunkt darauf gelegt werden, aufzuzeigen, warum diese theoretischen Hintergründe wichtig sind. Denn bei dem Geschlechterthema ist diese Wichtigkeit immer schwer zu verdeutlichen, weil es doch scheinbar so evident ist, dass es auf der eine Seite Mädchen und Frauen gibt und auf der anderen Seite Jungen und Männer. Und der Erkenntnis, dass die Geschlechterwirklichkeiten auf wirkungsmächtigen Konstruktionen basieren, ist angesichts des wenig hinterfragbaren Tatbestandes der „realen" Existenz von zwei Geschlechtern kaum Gehör zu verschaffen. Dieser Rückbezug auf theoretische Anschlüsse ist gerade für pädagogische Institutionen und deren Mitarbeiterinnen und Mitarbeiter notwendig, weil pädagogische Institutionen, egal ob Schule oder die Kinder- und Jugendhilfe, Institutionen sind, wo das kulturelle Wissen über die Geschlechter „umgeschlagen" wird. Da die gesamte Pädagogik insgesamt unbestritten teilhat an der - wie es Bourdieu einmal formuliert hat - „symbolischen Konstruktionsarbeit, die sich in einer Arbeit praktischer Konstruktions-, einer *Bildungs-* und einer Erziehungsarbeit vollendet" (Bourdieu 1997, S. 186), ist dieser Rückbezug der Praxis auf die theoretischen Diskurse eine Aufgabe, die auch bezogen auf die konkreten pädagogischen Projekte und Maßnahmen der Kinder- und Jugendhilfe, wie die schulischen Aufgabenbereiche geleistet werden sollte. Und die Fachkräfte, die in pädagogischen Handlungsfeldern tätig sind, wissen ja, dass die Haltungen und Sichtweisen ganz wesentlich auf ihre

Arbeit zurückwirkt und die Zugänge zu Mädchen auf der einen und Jungen auf der anderen Seite bestimmt.

■ Die Sex-Gender-Relation in der Frauen- und Geschlechterforschung

In den Diskursen der Frauen- und Geschlechterforschung wurde die Sex-Gender-Relation lange als striktes Gegensatzpaar von natürlichem Geschlecht (Sex) und kulturellem Geschlecht (Gender) entworfen. Die biologischen Geschlechtsmerkmale, also Sex, galten dabei als unhintergehbare Voraussetzung und anatomische Gegebenheit, die unabhängig vom je wechselnden gesellschaftlichen Kontext immer schon existierten. Die sozialen Deutungsmuster, also Gender, bilden in dieser Gegenüberstellung dagegen einen sekundären, erworbenen Status. „Gender" erwerben die Individuen nach diesem Verständnis im Zuge von Sozialisationsprozessen in Form einer verinnerlichten Geschlechtsidentität und Geschlechtsrolle. Und die Kategorie „Gender" weist ihnen auch einen spezifischen Ort innerhalb der gesellschaftlichen Ordnung zu.

Sex bildet in dieser Annahme also so etwas wie ein bipolares biologisches Fundament. Diese Annahme, die der Grund für die heftigen Auseinandersetzungen in der Frauen- und Geschlechterforschung war, weil damit ein stillschweigender Biologismus fortgeschrieben wurde, konnte inzwischen widerlegt werden. Im Zuge der neueren Frauen- und Geschlechterforschung hat sich inzwischen die Erkenntnis durchgesetzt, dass selbst die Biologie, also der biologisch geschlechtliche Körper nichts einfach Gegebenes ist, sondern im Kontext kultureller Deutung verortet werden muss. Wir können – so Joan Scott – „die Geschlechtsunterschiede nur als Funktion unseres Wissens vom Körper sehen, und dieses Wissen ist nicht ›rein‹, nicht isoliert von den Implikationen einer Vielzahl diskursiver Kontexte" (Scott in Nicholson 1994, S. 189). Das heißt, der angeblich feststehende anatomische Unterschied ist demnach schon immer durch kulturelle Deutungen belegt. Das heißt auch, die Annahme von zwei bipolar angeordneten Geschlechtern, von der heute ausgegangen wird, ist eine Annahme, die gebunden ist, an die heute geltenden Diskurse.

Die Annahme einer polaren Geschlechterdifferenz ist nämlich keineswegs selbstverständlich, sondern kulturell variabel. Dies zeigen Studien aus der Ethnologie genauso wie aus der historischen Geschlechterforschung innerhalb des europäischen Kontextes. Denn nicht immer und überall werden Geschlechter ausschließlich anhand körperlicher Merkmale bestimmt. So zeigen ethnologische Studien, dass auch die scheinbar biologische „natürliche" Zweigeschlechtlichkeit kein universell gültiges Ordnungssystem darstellt: „Es hat Kulturen gegeben, die ein drittes Geschlecht anerkannten. Es hat Kulturen gegeben, die bestimmten Menschen zugestanden, ihr Geschlecht zu wechseln, ohne dies mit einem Irrtum bei der anfänglichen Zuordnung begründen zu müssen. Und es hat Kulturen gegeben, bei denen die Geschlechtszugehörigkeit aufgrund der Ausführung der Geschlechtsrolle und unter Umständen unabhängig von den Körpermerkmalen erfolgte" (Gildemeister/Wetterer 1992, S. 208).

Die zweipolige Anordnung der Geschlechter ist aber nicht nur kulturell, sondern auch historisch variabel. Selbst in den westeuropäischen Gesellschaften hat sich das moderne, heute geläufige Verständnis der Geschlechterdifferenz nur langsam entwickelt. Erst gegen Ende des 18. Jahrhunderts etablierte sich eine neue „Ordnung der Geschlechter" (Claudia Honegger). Thomas Laqueur hat am Beispiel der medizinischen Literatur über den Körper diese Transformation eingehend untersucht. Bis gegen Ende des 18. Jahrhunderts behauptete sich ein „Ein Geschlecht/Ein Leib-Modell" des Körpers. Erst danach wurde dieses Modell durch ein „Zwei Geschlechter/Zwei Leib-Modell" abgelöst. Wo früher der weibliche Körper als „geringere Version des Mannes auf einer vertikalen Achse mit unendlichen Abstufungen" angeordnet wurde, erschien er nach dieser Zäsur als „ein ganz und gar anderes Wesen auf einer horizontalen Achse mit einem weitgehend leeren Mittelfeld" (Laqueur 1992, S. 171). Geschlecht wurde früher also als Kontinuum gedacht, d. h. körperliche Unterschiede wurden demnach als graduelle Differenzen beschrieben nicht jedoch als Wesensunterschiede, die Frauen von Männern kategorial trennten. (Krauß 2001, S. 44). Mit anderen Worten: Das heute so unausweichlich wirkende System der Klassifizierung in zwei binäre Geschlechter, die in zwei wesentlich unterschiedenen Körpern leben, besteht also nicht als überzeitliche Naturtatsache, sondern ist ein historisch relativ neues Phänomen.

∎ Das System der Zweigeschlechtlichkeit als Ordnungs- und Klassifikationssystem

Warum nun waren diese Erkenntnisse so gravierend? Diese Erkenntnisse waren tiefgreifend, weil damit nicht nur die einzelnen Geschlechtsrollenspezifika als im Zuge des Sozialisationsprozesses angelernt und erlernt galten, sondern die Zweigeschlechtlichkeit als **System** in den Blick kam. Die Annahme der Zweigeschlechtlichkeit wurde als ein Ordnungs- und Klassifikationssystem analysiert, das den Individuen vorausgeht und das sozusagen die Eintrittsorte der Individuen bestimmt. Sobald eine ärztliche Autorität das Kind zum Mädchen oder Jungen erklärt hat, wirkt die zweigeschlechtliche Norm, die Mädchen und Jungen leitet auf ihrem Weg, Frauen oder Männer zu werden. Judith Butler hat dieses wirkungsmächtige Ordnungssystem als „heterosexuelle Matrix" geschrieben: In Form eines mimetischen Spiegelverhältnisses deckt sich die Zweiteilung des Körpers (Sex) mit der Zweiteilung der Geschlechtsidentität (Gender) und der Zweiteilung des Begehrens. D. h., das biologische Geschlecht, das soziale Geschlecht und das (heterosexuelle) Begehren müssen in dieser Geschlechteranordnung als vorgegebene Norm übereinstimmen. Nur wenn diese Reihefolge übereinstimmt, ist der Mensch in der Gesellschaft angekommen, sozusagen binär zurechnungsfähig (Krauß 201, 50).

Was bedeutet das nun für die pädagogische Arbeit mit Mädchen – und dann auch mit Jungen? Nun, zunächst einmal ein Wissen darum, dass das System selbst als Normierungsraster fungiert, das einem Zwangscharakter unterliegt und als zweites, dass es kein Handeln außerhalb dieses **Systems** der Zweigeschlechtlichkeit gibt. Dass diese bipolare Ordnung sowohl gesellschaftlich als auch im Rahmen der symbolischen Ordnung nicht gleichgewichtig ist, sondern mit Hierarchien und Wertungen verbunden, die die „männliche" Seite über die „weibliche" Seite erhebt, hat die Frauenforschung schon in den 70er Jahren erforscht. Binäre ungleich gewichtige Oppositionen bilden die Grundstruktur moderner westlicher Gesellschaften.[1]

Was heißt dass nun, dass das System der Zweigeschlechtlichkeit als Normierungsraster fungiert? Das heißt, anzuerkennen – und das ist eine ganz wichtige Erkenntnis aus der Frauen- und Geschlechterforschung für jede pädagogische Arbeit mit Mädchen und Jungen –, dass wir nicht nur gesellschaftlich als Mädchen und Frauen benachteiligt sind bzw. werden, sondern allein dadurch, dass wir Frauen *oder* Männer zu sein haben. Den Identitätsprozessen, d. h. also den Prozessen

---

1 So wiederholen sich in der ungleichen Paarung „männlich-weiblich", binäre Oppositionen wie Kultur-Natur, Geist-Materie, Vernunft-Sinnlichkeit, mit entsprechenden Hierarchien und Wertungen.

Frauen oder Männer zu werden, liegt ein Zwangscharakter zugrunde. Das System der Zweigeschlechtlichkeit bildet eine rigide zweigeschlechtliche Matrix, entlang derer diese Identitätsprozesse ablaufen. Sie fungiert als vorgegebenes Normierungsraster, denn die Identitätspositionen, die einzunehmen sind, sind festgeschrieben. Oder anders ausgedrückt: Weil der Raum kulturell erlaubter Geschlechtsidentitäten sehr begrenzt ist, liegt den Identitätsprozessen, an deren Ende gefestigte oder verfestigten Geschlechtsidentitäten herauskommen sollen, immer auch ein Gewaltpotential zugrunde.

Das jeweilige Individuum ist eben nicht „frei", sich ein Geschlecht samt seiner Rollenzumutungen anzueignen. Die geschlechtsbezogenen Identitätsprozesse, d. h. Männer und Frauen zu werden, laufen nicht „naturwüchsig" ab, sondern beinhalten sehr komplexe Aneignungsvorgänge vorhandener Normen und gesellschaftlicher Erwartungen. Diese Aneignungsprozesse sozialer Geschlechternormen lassen sich – wie das Judith Butler einmal beschrieben hat – als Einverleibung sozialer Identitätsgebote klassifizieren. Medien nehmen bei diesen Prozessen der Einverleibung von Identitätsgeboten eine zunehmend wichtige Rolle ein – unabhängig von den jeweiligen Bedeutungsangeboten ihrer Produkte. Weil wir die Wirklichkeit immer weniger direkt, und immer mehr vermittelt über Medien erfahren, bieten sie als Teil der symbolischen Ordnung ein großes Angebot geschlechtsbezogener Identifikationsangebote und -vorgaben, d. h. sie sind wirkungsmächtige Instanzen der Vermittlung des symbolischen Codes der Zweigeschlechtlichkeit.

Des weiteren ist zu konstatieren, dass diese Prozesse stets unabgeschlossen sind. Die Konstruktivistinnen haben dafür den Begriff des „doing gender" ins Spiel gebracht. Damit ist gemeint, dass die geschlechtliche Zuordnung permanent im eigenen Handeln hergestellt und folgerichtig auch das System der Zweigeschlechtlichkeit kontinuierlich reproduziert wird. (Was auch ein Grund dafür ist, das es den Anschein der „Natürlichkeit" erhält). Das Geschlecht und die Zuordnung zu einem Geschlecht wird täglich neu hergestellt, indem die Individuen sich entlang dieser Geschlechterordnung verhalten, kommunizieren, wahrnehmen, gedankliche Zuordnungen vornehmen, etc.

■ Die Bedeutung der Gender-Dimension für die pädagogische Arbeit mit Mädchen (und Jungen)

Für die pädagogische Arbeit mit Mädchen und Jungen ist das Wissen um diese Hintergründe zentral, gerade und in erster Linie, weil es in pädagogischen Handlungsfeldern genuin um die Herstellung von Identitäten geht. Was bedeutet diese Erkenntnis nun für die pädagogische Arbeit mit Mädchen und in unterschiedlichen Ansätzen und Zugängen auch für Jungen? Bevor diese Fragestellung nachgegangen werden soll, soll vorab noch auf einen wichtigen Tatbestand verwiesen werden. Bei dem System der Zweigeschlechtlichkeit handelt es sich auch um ein wirkungsmächtiges System der Geschlechterhierarchie. Mit Blick auf die pädagogische Arbeit muss deshalb zuallererst – gleichsam einschränkend – konstatiert werden, dass die Pädagogik, dass pädagogische Handlungsfelder diesem System zunächst *unterworfen* sind. Pädagogische Ansätze, die den Anspruch verfolgen, im Rahmen der eigenen Arbeit „an der Auflösung der Geschlechterhierarchie" zu arbeiten, sind deshalb ein wenig mit Vorsicht zu betrachten. Dass die pädagogische Arbeit gerade oder trotzdem besonders wichtig ist, ist eine andere Sache.

Bei der Frage, welche Bedeutung die Gender-Dimension für die pädagogische Arbeit hat, treten m. E. zwei Aspekte hervor:

Erstens: Die Bedeutung der Reflexivität des eigenen Tuns im Handeln der Frauen und Männer, die in pädagogischen Handlungsfeldern tätig sind.

Zweites: Die Schaffung von Rahmenbedingungen und Angeboten, die die „Verflüssigung" der Geschlechtsidentitäten ermöglichen. Welche herausragende Bedeutung Medien dabei spielen, soll zum Schluss in Bezug auf den zweiten Punkt im Blick auf das „alte Medium" Theater aufgezeigt werden.

Zu Punkt 1: Wenn es stimmt, dass es keinen Raum gibt außerhalb des Systems der Zweigeschlechtlichkeit und wir auch als Professionelle kontinuierlich selbst verstrickt sind in Doing-Gender-Prozesse, mit entsprechenden Sichtblenden und Wahrnehmungsfallen, dann ist für die pädagogische Arbeit mit Mädchen vor allem die Fähigkeit der Reflexion und Selbstreflexion, die Mitarbeiterinnen und Mitarbeiter mitbringen, entscheidend. Denn dass die Sichtweisen der Pädagoginnen und Pädagogen Auswirkungen haben auf die Arbeit, die Kommunikation und den Umgang mit Mädchen oder Jungen, ist evident: Wo etwa, um plakativ zu sein, die Annahme gegeben ist „Jungen sind so" und „Mädchen sind so", wird diese Annahme auf das Sehen und Handeln der Professionellen zurückwirken. Die Berücksichtigung der Gender-Dimension heißt vor allem eine Berücksichtigung ihrer reflexiven Dimension. Das heißt, sich zunächst klar zu machen, mit welchen normativen Geschlechterbildern wir als Professionelle selber Umgang pflegen. Denn weg zu kommen von Zuschreibungen, von Stereotypisierungen, der Versuch, geschlechtstypisches Verhalten zu hintergehen, ist gar nicht so einfach.

Die Betonung der reflexiven Dimension pädagogischer Arbeit meint auch, dass wir unseren Blick auf die Adressatinnen und Adressaten überprüfen, uns verabschieden von einem Differenzansatz, der die Geschlechtergruppen einerseits polarisiert und andererseits homogenisiert. Mechtild Oechsle hat für eine solche Haltung und im Blick auf die Gruppe der Mädchen und die Mädchenarbeit einmal den Begriff „normative Zurückhaltung" geprägt. Damit meinte sie zu erkennen, dass Mädchen heute einer Vielzahl von Lebensentwürfen nachgehen und dass die Mitarbeiterinnen diese anerkennen, auch wenn sie den eigenen Selbstbildern und Identitätskonstruktionen fremd sein mögen. Sie meinte damit auch, Mädchen in der Auseinandersetzung mit geschlechtsbezogenen Zuschreibungen zu **begleiten,** ihnen Raum für eigene Lösungsmöglichkeiten im Rahmen der Auseinandersetzung mit dem System der Zweigeschlechtlichkeit zu gewähren.

Zu Punkt 2: Gender in der Bedeutung für die pädagogische Arbeit mit Mädchen bedeutet, Rahmenbedingungen und Angebote zu schaffen, die die „Verflüssigung" von Geschlechtsidentitäten ermöglichen. Diese Aufgabenstellung ist sowohl in geschlechtsheterogenen als auch in geschlechtshomogenen Settings möglich, ohne von vornherein ein Setting zu privilegieren. (Dass man hinsichtlich der Absicherung von Mädchenarbeit und Jungenarbeit politisch anders argumentieren muss, ist oft eine andere Sache. Aber inhaltlich hängt die Aufgabenstellung der Verflüssigung von Geschlechtsidentitäten nicht am Setting der Angebotsform).

Diese Aufgabenstellung der „Verflüssigung" von Geschlechtsidentitäten ist zentral, wenn man dem Zwang entgegenarbeiten will, ein Geschlecht sein zu müssen, was als Grundlage des Identitätszwanges beschrieben wurde. Mit diesem Ansatz ist die Vorstellung verbunden, dass Mädchen und

Jungen sich nicht mehr darüber definieren müssen, etwas zu sein, und damit etwas anderes nicht zu sein, d. h. es ist ein Versuch, essentialistischen Konzepten von Identität entgegenzuwirken. Dies bedeutet auch, dass Identität nicht mehr als stabile Größe gedacht wird, als Form der Selbstvergewisserung, über die man sich definiert, die man im Jugendalter „erwirbt und besitzt", sondern versucht wird, Identitäten und Lebensweisen als kontingent zu begreifen, als prinzipiell offen und unabgeschlossen.

Der Ansatz der Verflüssigung der Geschlechtsidentitäten setzt auf die Vielfältigkeit von Identitäten und Lebensweisen, in deren Folge dem essentialistischen Definitionsdruck, dieses oder jenes Geschlecht zu sein, entgegengearbeitet wird. Im Rahmen der pädagogischen Arbeit sollten Ansätze forciert werden, die dem Identitätszwang entgegenwirken, sich geschlechtsidentisch machen zu müssen, einem Zwang, von dem Jugendliche im besonderen Maße betroffen sind. Es sollen Räume und Angebote zur Verfügung gestellt werden, die Mädchen wie Jungen das Überschreiten von Geschlechtergrenzen ermöglichen. Die Mädchen wie Jungen darin unterstützen, sich nicht geschlechterangepasst verhalten zu müssen. Sie sollten darüber hinaus dazu beitragen, Jugendlichen die Angst vor vielfältigen und uneindeutigen Geschlechtsidentitäten zu nehmen, und eine Vielzahl geschlechtsübergreifender Suchbewegungen forcieren.

■ Die Bedeutung des Theaters als geschlechterrelevantes Medium

Dass insbesondere Medien und die medienpädagogische Arbeit diesbezüglich eine prominente Rolle spielen, soll im folgenden verdeutlicht werden. Damit soll auch noch mal in Bezug auf die Integration der Gender-Dimension in die Handlungspraxen der Kinder- und Jugendhilfe auf die Bedeutung des Mediums Theater eingegangen werden, denn nicht alle Handlungsfelder der Kinder- und Jugendhilfe haben unter Gender-Gesichtspunkten die gleiche Relevanz. Medien, die medienpädagogische Arbeit, kommen deshalb besonders in den Blick, weil sie Formen des Gender Plays ermöglichen, weil sie Zwischenräume zwischen festgeschriebenen Geschlechterpositionen eröffnen. Und darin liegt vermutlich auch ein Grund, warum medienpädagogische Angebote, mit alten oder neuen Medien, für Mädchen wie Jungen so attraktiv sind. Zudem ist das Theater, auf das an dieser Stelle Bezug genommen wird, qua Medium der Ort, wo während der Arbeit mit unterschiedlichen Geschlechtersettings gearbeitet werden kann, bzw. wird. Aber dies nicht als pädagogische Vorgabe, sondern weil die szenischen Vorgaben - vorausgesetzt man arbeitet an Stücken - die Arbeit an Szenen nur unter Mädchen, nur unter Jungen oder in einer koedukativen Anordnung verlangen.

Das alte Medium Theater findet bekannter maßen bei Mädchen einen enormen Anklang. So melden sich bei einem Theaterangebot nicht selten 20 Mädchen und lediglich 3 Jungen. Viele Spielleiter und Spielleiterinnen beklagen dies und wissen mit diesem Geschlechterproporz nicht umzugehen. Dies führt häufig dazu, dass Angebote in diesem „teuren" Bereich der Kinder- und Jugendhilfe zurückgefahren werden, womit aber weitaus überproportional Mädchen und junge Frauen von den Einsparungen betroffen werden. In der Öffentlichkeit, auch in der Lobbyöffentlichkeit für Mädchenarbeit, werden diese Auswirkungen selten unter geschlechtsbezogenen Konsequenzen diskutiert, weil diese Angebote nicht primär geschlechtshomogen ausgerichtet sind, realiter aber oft von 80% Mädchen und jungen Frauen frequentiert werden.
Die besondere Bedeutung des „alten Mediums" Theater im Blick auf die Gender-Thematik ist auch deshalb noch einmal hervorzuheben, da das Theater eines der ältesten Medien ist, das seit seiner Entstehung die Darstellung von Geschlechterverhältnissen zum Thema machte. Theater war schon

immer der Ort einer öffentliche Befragung vorherrschender gesellschaftlicher Geschlechterpositionen. Es bietet sich also für die Auseinandersetzung mit der Geschlechterthematik an. Theater ist damit auch ein Medium, wo insbesondere Mädchen einen Raum erhalten, eine öffentliche Aussage über sich selbst zu treffen, ob es nun die Erarbeitung einer Eigenproduktion ist, ein „gemischtgeschlechtliches" Stück nur mit Mädchen inszeniert wird oder Mädchen im Rahmen einer gemischtgeschlechtlichen Inszenierung auftreten. Es wurde ja oft thematisiert, dass Mädchen die Öffentlichkeit zur Darstellung nicht so nutzen wie Jungen. In dem überwiegenden Interesse der Mädchen an dem Medium Theater zeigt sich deutlich ein anderer Tatbestand.

Ich selbst habe mit Jugendlichen und jungen Erwachsenen acht Jahre Theaterarbeit gemacht. Das Geschlechterverhältnis war gemischt 50:50. Es wurde jährlich an einer Produktion, einem Stück, gearbeitet. Bei einem bereits vorliegenden Stück ist ein ausgeglichenes Geschlechterverhältnis von Vorteil, auch wenn es nicht ganz einfach ist, gute Stücke zu finden, in denen die 50% Mädchen auch gut besetzt werden können.

70% aller Jugendlichen haben alle acht Produktionen mitgemacht und die restlichen 30% waren mindestens bei drei Produktionen dabei. Ich habe mir viele Gedanken gemacht, warum dieses Angebot für die Jugendlichen so attraktiv war - und in diesem Fall durchaus auch für Jungen -, obwohl es sehr viel Arbeit macht, sehr zeitintensiv ist und eine hohe Verbindlichkeit verlangt. Die Hauptattraktion liegt – so meine Schlussfolgerungen – neben den Auftritten und dem Applaus, in dem Prozess der Herstellung der Figuren. Man könnte auch sagen, in dem dem Medium des Theaters eigenen Moment „der Verwandlung". Und damit sind wir wieder mitten im Genderthema.

■ Theater als Medium der „Verwandlung"

Die Arbeit an den Figuren, die später im Glanze einer Aufführung erstrahlen sollen, setzt einen Herstellungsprozess in Gang, der bei weiblichen *wie* männlichen Jugendlichen zu einer intensiven Auseinandersetzung mit der Thematik von Geschlecht, Identität und Begehren führt. (Die Auseinandersetzung über gesellschaftliche Geschlechterpositionen inbegriffen, weil diese Figuren sich in der Regel in einem machtvollen Geflecht von Geschlechterbeziehungen bewegen). Im Prozess der Herstellung von Figuren und Figurenkonstellationen wird die Thematik von Geschlecht, Identität und Begehren zu einem Thema, das für beide Geschlechter, und nicht nur für die Mädchen, interessant ist. Oder anders formuliert: Über den „Umweg" der Figuren und ihrer Bezüge können sich Mädchen wie Jungen der Auseinandersetzung mit der Geschlechterthematik, der Erforschung von Geschlechtsidentitäten, zuwenden. Das Geschlechterthema, die Aneignung von Identitäten wird auf diesem Weg zu einem spannenden Untersuchungsfeld für Mädchen *wie* für Jungen. (Diese Punkte gelten m. E. für beide Geschlechter, wenn auch zu konstatieren ist, dass der Zugang für Jungen zu diesen Erfahrungsfeldern in der Regel schwerer ist, Hindernisse aber relativ schnell verschwinden, wenn die Anzahl der Jungen in solchen Gruppen größer ist.) Die Beweggründe über die Figuren Zugang zu den Themen Geschlecht, Identität und Begehren zu bekommen ist für Mädchen *wie* Jungen von gleicher zentraler Bedeutung. Differenzen, bzw. Geschlechtstypika treten eher dann auf, wenn es um die Ausgestaltung der jeweiligen Figuren geht und die Frage, welche Dimension der jeweiligen Figur, die zu spielen ist, mit dem eigenen Geschlechterselbstbild kompatibel ist. Oder es gibt bestimmte geschlechtsbezogene Widerstände. So ist es durchaus „geschlechtstypisch", dass bestimmte Mädchen Schwierigkeiten haben, eine bestimmte „hässliche" Figur zur Darstellung zu bringen und bestimmten Jungen der Vorgang des Schminkens unangenehm ist.

Dennoch, an dem zentralen geschlechtsübergreifenden Attraktor, der Auseinandersetzung mit fiktiven Figuren, ändert das nichts. Weil die zentralen Aspekte der Bedeutung des *Mediums Theater* sozusagen wirklich geschlechtsübergreifend sind, können sie im Folgenden nicht nur für Mädchen skizziert werden.

Die Arbeit an den Figuren und Figurenkonstellationen ist für Mädchen wie Jungen die spannendste Dimension am gesamten Inszenierungsprozess, weil sie die existentielle Begegnung mit sich selbst in einer Anderen/ in einem Anderen ermöglicht. Die Arbeit an den Figuren und Figurenkonstellationen ist in der Theaterarbeit auch die schwierigste Seite, denn damit die Transformation des eigenen Ich in eine andere/in einen anderen gelingt (was mit Jugendlichen natürlich immer nur begrenzt glückt und teilweise auch unmöglich ist), bedarf es verschiedener mühsamer Annäherungsversuche. Damit eine Figur am Ende ihres Herstellungsprozesses präsent und glaubhaft agiert, sind einige Entwicklungsschritte von Nöten, die genauso von Abbrüchen und Enttäuschungen begleitet werden, wie von Erfolgen.

Mit anderen Worten: Der Herstellungsprozess der Figurenerstellung ist sehr komplex und umspannt ein umfangreiches Arbeitsspektrum. Die Entwicklung der Figuren beinhaltet die Arbeit am Körperausdruck, an ihrer körperlichen Präsenz, den Haltungen, den Gesten und Körperbildern, der Sprache sowohl unter „technischen" Gesichtspunkten wie hinsichtlich ihres inhaltlich, emotionalen Gehaltes, um nur einige der wichtigsten Ansatzpunkte zu nennen. Darüber hinaus erfordert dieser Prozess der Herstellung eine genaue dramaturgische Arbeit mit den jeweiligen weiblichen und männlichen Jugendlichen, die szenische Entwicklung der Figuren, der darzustellenden Frauen und Männer während des Handlungsablaufes zu bestimmen, ihren unterschiedlichen und wechselnden Motivationen nachzugehen, ihre Konflikte zu thematisieren und ihre Beziehungen zu anderen Figuren, dem Figurenumfeld auszuleuchten. Darüber hinaus ist es wesentlich, die „fiktive" Vorgeschichte der Figuren, bevor sie das Licht der Bühne betreten, zu erarbeiten, damit das „Geworden-Sein" und die Hintergründe ihrer Existenz in die Darstellung der Figuren integriert werden und mit einfließen können. Der Herstellungsprozess einer Figur geht also von einem ersten Entwurf über die langwierige Erarbeitung bis hin zu ihrer Darstellung im Rahmen der Aufführung, die von dem ursprünglichen Entwurf manchmal deutlich abweicht (Meyer 2000, S. 110). Insgesamt bedeutet diese Arbeit eine relativ tiefgründige Auseinandersetzung mit einer/mit einem fiktiven Anderen, und über diesem Umweg auch mit sich selbst. Die Arbeit an den Figuren ist damit auch der Ansatzpunkt, wo Mädchen und Jungen sich mit Geschlechterpositionen und dem Geschlechterverhältnis auseinandersetzen (müssen), ohne dass eine solche Auseinandersetzung künstlich konstruiert wird. Und die jeweiligen Figuren, also die darzustellenden Frauen und Männer, entwickeln sich in Auseinandersetzung mit den anderen spielenden Personen und dem Spielleiter, der Spielleiterin. Damit ist gleichzeitig vorausgesetzt, dass die Herstellungsprozesse der Geschlechterrollen innerhalb der Theaterarbeit zugleich öffentliche Prozesse sind, die diskutiert werden und zu denen sich die Mädchen und Jungen verhalten müssen.

Diese dem Medium Theater eigene Arbeitsform vermittelt den Jugendlichen im Arbeitsprozess eine existenzielle Grunderfahrung: Die weiblichen *wie* männlichen Jugendlichen machen die Erfahrung, - buchstäblich hautnah am eigenen Körper - dass die Frauen und Männer, die sie am Ende eines Produktionsprozesses darstellen, nicht einfach gegeben sind, sondern Effekt einer - in diesem Fall - imaginären Konstruktion sind, d. h einem Konstruktionsprozess unterliegen. Diese existentiellen Erfahrungen gehen weit über die Arbeitspraxis des Theaters hinaus. Sie könnten dahingehend präzisiert werden, dass die Mädchen *wie* Jungen erfahren, dass die Figuren/Personen, die sie als Mädchen und Jungen „spielen" und als die sie wahrgenommen werden, nicht einfach gegeben sind, sondern das Ende eines Herstellungsprozesses darstellen, an dem sie weibliche und männliche Figuren repräsentieren (Meyer 2000, S. 112). Während gleichzeitig dieser Aneignungsprozess nicht sichtbar werden darf, weil der Erfolg einer Darstellung, zum großen Teil davon abhängig ist, dass die Zuschauer den Figuren glauben und nicht mitbekommen, dass die ProtagonistInnen in Wirklichkeit ganz anders sind. (Was wiederum bei den Zuschauenden, die die Protagonistinnen und Protagonisten ja in der Regel kennen, zu einigen AHA-Erlebnissen führt.) Mit anderen Worten: Die Mädchen und Jungen bekommen eine Ahnung davon was es heißt, eine Identität zu gewinnen, dass diese nicht fest ist, sondern etwas, was man wird, was prinzipiell im Fluss und veränderbar ist.

■ Theater als Medium der Vervielfältigung von Geschlechtsidentitäten

Das Medium des Theaters bietet die Möglichkeit der Vervielfältigung von Identitäten, auch den punktuellen Wechsel der Geschlechtsidentitäten, teilweise soweit, dass z. B. niemand im Publikum bemerkt, dass eine Männerfigur von einem Mädchen gespielt wird. (Und die Möglichkeit des „fiktiven" Wechsels der Geschlechtsidentitäten hat Menschen immer schon zu diesem Medium hingezogen, nicht nur als Spielende, sondern auch als Zuschauende. Zudem hat das Theater mit seinen gesammelten Geschlechter-Verwechselungskomödien auch immer schon dazu beigetragen, den Spielenden und vor allen den Zuschauenden „eine Lust an dem was nicht sein darf" zu verschaffen, indem die Geschlechter durcheinander geraten und Geschlechtergrenzen in Bewegung gebracht werden.)

Das Medium des Theaters bietet Möglichkeiten der Geschlechterparodie und Geschlechterimitation. Es bietet damit Möglichkeiten, die scheinbare Natürlichkeit der Geschlechterkonstruktionen und -differenzen als Konstruktion sichtbar zu machen und damit auch in Frage zu stellen. Der theatrale Prozess ermöglicht Mädchen wie Jungen mit der Herstellung von fiktiven Figuren auch eine Verschiebung und eine Pluralisierung eigener Identitätsmöglichkeiten. Geschlechtsidentitäten und ihre Repräsentationsformen können dadurch erweitert, andere Identitätsentwürfe können freigesetzt werden. Mit dem Medium des Theaters können die Jugendlichen scheinbar gesicherte Formationen männlicher und weiblicher Identitäten unterlaufen und es kann ein subversives Spiel mit Geschlechtsidentitäten eingeleitet werden. „Ich ist ein anderer" - um diesen geflügelten Spruch zu zitieren - wird tatsächlich erfahrbar. Und die Aussage eines Jugendlichen während der Schlussphase einer Inszenierung: „Im Moment weiß ich gar nicht genau, ob ich der bin, der ich bin oder der, den ich gerade spiele", trifft diese Erfahrung relativ genau. Theaterarbeit ermöglicht Jugendlichen nicht nur die Begegnung mit sich selbst in einer Anderen/in einem Anderen. Theater schafft auch die Möglichkeit den Ich-Zwang zu unterbrechen. Es entlastet damit das Ich, das dem Druck der Normierung unterliegt (Meyer 2000, S. 113). „Im Spiel der Verwandlung", das sozusagen in kurzen Sequenzen der realen Wirklichkeit abgetrotzt wird, kann der Zwang unterbrochen werden, Ich sein zu müssen, diesem „stummen Identitätszwang", wie Uwe Sielert diesen Vorgang einmal benannt hat (Sielert 2001, S. 24). Theater schafft „im Spiel der Verwandlung" die Möglichkeiten, andere verdeckte Identitätsanteile freizusetzen. Es gibt bei Paul Celan im Meridian ein schönes Zitat in Bezug auf diese Identitätsdimension. Er benutzt dort das Wort „Kunst". Ich werde das Wort „Kunst", einfach mal durch das Wort „Theater" ersetzen. Dann lautet das Zitat folgender Maßen: „Theater", heißt es dort, „schafft Ich-Ferne. Theater fordert hier in einer bestimmten Richtung eine Distanz, einen bestimmten Weg. (...) Vielleicht – ich frage nur –, vielleicht geht (...) das Theater, mit einem selbstvergessenen Ich zu jenem Unheimlichen und Fremden, und setzt sich – doch wo? Doch an welchem Ort? Doch womit? Doch als was? – wieder frei?" (Celan 1983, S. 193)

Das alte, oder inzwischen uralte Medium des Theaters leistet durch seine Existenz und durch seine Möglichkeiten des Spiels damit immer noch einen wesentlichen gesellschaftlichen Beitrag, die Vielfalt von Identitätsangeboten offen zu halten.

Literatur

Bourdieu, Pierre (1997a): Die männliche Herrschaft. In: Dölling, I./Kreis, B. (Hg.): Ein alltägliches Spiel. Geschlechterkonstruktionen in der sozialen Praxis. Frankfurt a. M., S. 153-217
Butler, Judith (1991): Das Unbehagen der Geschlechter. Frankfurt a.M.
Celan, Paul (1983): Gesammelte Werke. Band 3, Frankfurt a.M.
Feministische Studien 1993/2: Kritik der Kategorie >Geschlecht<
Gildemeister, Regine/Wetterer, Angelika (1992): Wie Geschlechter gemacht werden. Die soziale Konstruktion der Zweigeschlechtlichkeit und ihre Reifizierung in der Frauenforschung. In: Knapp, G.-A. /Wetterer, A. (Hg.) Traditionen – Brüche. Freiburg i. Breisgau, S. 201-254
Laqueur, Thomas (1992): Auf den Leib geschrieben. Die Inszenierung der Geschlechter von der Antike bis Freud. Frankfurt a.M./New York
Krauß, Andrea (2001): Identität und Identitätspolitik bei Judith Butler. In der Reihe *Einwürfe*, Hg.: Bundesmodellprogramm „Mädchen in der Jugendhilfe". Stiftung SPI Berlin
Meyer, Dorit (2000): Theater, Geschlecht und Identität. In: Bundesvereinigung kulturelle Jugendbildung e.V. (Hg.): Kulturarbeit mit Mädchen. Remscheid, S. 105-114
Meyer, Dorit/v. Ginsheim, Gabriele (2002): Gender Mainstreaming – Zukunftswege der Jugendhilfe. Ein Angebot. Berlin
Nicholson, Linda (1994): Was heißt gender? In: Institut für Sozialforschung Frankfurt (Hg.): Geschlechterverhältnisse und Politik. Frankfurt a.M., S. 188-220
Oechsle, Mechtild (2000): Gleichheit mit Hindernissen. In der Reihe *Einwürfe*, Hg.: Bundesmodellprogramm „Mädchen in der Jugendhilfe". Stiftung SPI Berlin
Sielert, Uwe (2001): Gender Mainstreaming im Kontext einer Sexualpädagogik der Vielfalt. In: BZgA Forum Sexualaufklärung und Familienplanung. Heft 4, S. 18-24

Reinhard Winter

Wenn Jungen fernsehen tun...
Was bedeutet Gender für die pädagogische Arbeit mit Jungen?

In Bezug auf Jungen und Männer gilt als Grundannahme bei Geschlechterfragen nicht selten: Das Junge- und Mannsein ist immer ein Problem; Junge- und Mannsein macht immer Probleme; Männlichkeit bedeutet Hierarchie, Dominanzversuche, negative Konkurrenz, Gewalt; manche versteigen sich sogar in die Behauptung, es gäbe gar keinen anderen Grund für Geschlecht, außer den, Hierarchien herzustellen. In der öffentlichen Wahrnehmung werden unter männlicher Geschlechtlichkeit die Rudimente traditioneller Geschlechterideologien verstanden, etwa Stärke und Härte, Durchsetzungsfähigkeit und Einzelkämpfertum. Solche reduzierenden Geschlechterperspektiven auf Jungen werden durch „Gender" verändert. Sie werden korrigiert oder erweitert. Insofern kann die Bedeutung von „Gender" für die pädagogische Arbeit mit Jungen erheblich sein und es lohnt sich, sich damit zu beschäftigen.

Mit dem „Genderblick" kommen wir weg von der grundsätzlichen Problematisierung des Geschlechtlichen, ohne diese Seite auszuschließen – es gibt ja auch reichlich Schwieriges, das hier zu entdecken ist. Die Genderperspektive öffnet aber den Blick auch für Gelingendes, Wünschenswertes, für Gestaltungen und Kreationen des Männlichen: innerhalb traditioneller Formen des Männlichen, und deshalb auch durchaus kritisch zu sehen; aber genauso jenseits traditioneller Männlichkeitsvorstellungen. Bislang wurde bei Jungen und Männern diese Seite des Geschlechtlichen weniger oder nicht unbedingt unter der Kategorie „Geschlecht" verhandelt, sondern individuell („*die* Jungen sind immer laut und stören; nur Stefan, Max und Hannes nicht"; oder: „ich weiß wie *die* Männer sind, aber mein Partner ist zum Glück anders"). Mit Genderkonzepten erweitert sich der Blick darauf, dass das, was Mirko, Michael, und Mustafa tun männlich ist – weil sie männlich *und* weil sie individuell und menschlich sind.

■ Vorsicht: Gender!

Geschlechterthemen mit „Gender" anzugehen bedeutet jedoch nicht, dass alle bisherigen Konzepte und theoretischen Zugänge damit hinfällig werden:

Rollentheorien fragen z.B., welche Normen und Erwartungen an Jungen und Männer „als Jungen und Männer" gestellt werden; das gibt es auch noch heute;
Sozialisation sieht darauf, wie Jungen und Männer das geworden sind, wie sie sind;
Hegemoniale Männlichkeit fragt: wo stellen Jungen und Männer über Hierarchie – zu Frauen und Mädchen, zu anderen Jungen und Männern – Männlichkeit her?
Oder eine feministische Geschlechterperspektive erkundet, wo Mädchen und Frauen unterdrückt oder ausgeschlossen werden, wo es Ungleichheitsverhältnisse gibt.

Wie die meisten herkömmlichen Ansätze ist auch „Gender" in erster Linie eine soziologische Theorie oder ein soziologisches Konzept. Für die *pädagogische* Arbeit müssen wir die Idee, die darin steckt, übersetzen oder transformieren. In der Soziologie geht es eher um Strukturen; Soziologie bildet Ideen, Theorien über soziale Strukturen. Was dabei heraus kommt ist – mehr oder weniger hilfreich – nicht die Wirklichkeit selbst, sondern Beschreibung, so etwas wie ein Stadtplan oder eine Landkarte. Pädagogik findet woanders, in dieser Wirklichkeit statt; und es geht zusätzlich in der Pädagogik noch um etwas anderes: nicht nur um das was ist, sondern um Entwicklung, um Lernen, um einen Zugewinn, also um etwas, was sein kann und soll Ohne Ziele und Visionen, die positiv gefüllt sind, ist keine Pädagogik möglich, auch keine Jungenpädagogik (vgl. Winter/Neubauer 2001). Theorien und Wissen über Strukturen oder darüber, wie Gesellschaft funktioniert, sind selbstverständlich in der Pädagogik wichtig, wenn sie nützen; das gilt auch für Gendertheorien.

Bei „Gender" geht es um das soziale Geschlecht, also um Mädchen und Jungen, Frauen und Männer und – wenn wir so wollen – alles Mögliche dazwischen, und um Männlichkeit und Weiblichkeit (als soziale Ideologien). In der Pädagogik befassen wir uns viel direkter mit Einzelnen, mit lebendigen Menschen, Personen oder Gruppen, mit denen interagiert, gearbeitet wird. Oft sind soziologische Erkenntnisse (Landkarten) hier wenig hilfreich. Wenn ich z.B. weiß, dass viele Jungen und Männer ihr Geschlecht über Hierarchie und Dominanz herstellen möchten, kann das eine wichtige Information sein.

Es kann, wie beim Bild von Hase und Ente, aber auch den Blick verstellen oder verschleiern: ich sehe „Hase", obwohl der Junge „Ente" meint, oder ich sehe nur den Hasen, obwohl doch auch die Ente da ist. Ich sehe bei „Pokemon" im Fernsehen nur kämpfende Gestalten, weil ich einen kritischen und problematisierenden Männlichkeitsfilter vorgeschaltet habe, ohne das Thema von „Gut und Böse" zu erkennen, das ebenso in der Sendung verhandelt wird. Oder, ein anderes Beispiel: Wenn ich weiß, dass Daily Soaps wie „Gute Zeiten, schlechte Zeiten" überwiegend von Mädchen konsumiert werden, kann das meinen Blick dafür einschränken, dass es eben doch auch viele Jungen gibt, die GZSZ täglich anschauen und für die unterschiedlichen Bedeutungen, die diese Sendungen für Jungen haben.

Hase oder Ente? Sie sehen, was Sie erkennen.

Darüber hinaus können auch genderbezogene Feststellungen über Jungen verdeckte Abwertungen und verengende Zuschreibungen enthalten. Dazu zählen etwa scheinempathische Aussagen, wie z.B.: Jungen können keine Gefühle zeigen, weil sie keine Vaterbeziehung oder keinen Kontakt zu Männern in Kindergarten und Grundschule haben. Noch gravierender wirkt die meist unhinterfragt selbstverständliche Annahme, dass das Junge- und Mannsein grundsätzlich schwierig oder problematisch sei, dass es nicht einfach da ist, sondern hergestellt, produziert, mit vielen Mühen konstruiert werden müsse. Wenn wir die Genderforschung in den Blick nehmen fällt auf, dass es viel öfter darum geht, wie Jungen oder Männer – aktiv – ihr Männlich-Sein konstruieren oder historisch konstruiert haben; und auf der anderen Seite, bei den Mädchen und Frauen, geht es mehr darum, wie sie unter aufgezwungenen Konstruktionen leiden – einerseits ganz klassisch also: der Mann, der Junge ist aktiv, die Frau, das Mädchen passives Opfer, andererseits wird damit ein Geschlechterunterschied manifestiert: was bei Mädchen oder Frauen quasi automatisch da ist (ein geborenes Recht), müssen sich Jungen und Männer erst verdienen. Weil Geschlechter kulturell vorhanden und bedeutsam sind, braucht es aber keine besonders erarbeitete, angestrengte oder geleistetes Junge- oder Mannsein. Dieser Einsicht stimmen Männer und Frauen in der Praxis meist schnell zu, aber üblicherweise (und auch in der Genderforschung) existiert das Gegenteil unreflektiert und bleibt subtil oder ganz offen wirksam. Umgekehrt sehnen sich viele Jungen und männliche Jugendliche nach dieser Entlastung: „Dein Junge- bzw. Mannsein ist da und bleibt da, es nimmt dir keiner weg" – eigentlich eine Selbstverständlichkeit: Wie es „geborene Rechte" gibt, sollte auch das geborene Junge- und Mannsein existenziell zugestanden werden.

Wenn es in Genderzusammenhängen um Jungen und Männer geht, ist für Pädagogen und Pädagoginnen also Vorsicht angebracht:

- deshalb, weil Wirklichkeit anders als Theorie über Wirklichkeit ist, weil eben Landkarten nicht Landschaft sind;
- deshalb, weil Genderkonzepte zu schlichten und platten Vergleichen verführen können: „Mädchen sind so, Jungen sind so"; und dann schärft die Genderbrille eher den Blick für Unterschiede, sucht gezielt nach dem Differenten und unterschlägt Gemeinsames. Gender produziert Gender und das kann nicht der Sinn der Sache sein;
- aber auch deshalb, weil auch in den schönsten Genderkonzepten schiefliegende Annahmen versteckt sein können, die massiv genderwirksam werden.

Diese drei Vorsichtsappelle machen deutlich: Gender ist nicht heilig, auch bei Gender muss nachgedacht und weiter gedacht werden.

■ Genderpotenziale

Umgekehrt können wir natürlich sagen: erst durch die Anwendung von Genderkonzepten kommen wir solchen impliziten Schieflagen auf die Schliche. Und dann wird erkennbar, dass Gender Potenzial hat. Mit Genderkonzepten kann gut pädagogisch gearbeitet werden: Das Wissen über Gender, darüber, dass und wie Geschlechter immer wieder hergestellt werden, erweitert die Perspektive auf Jungen. Wir sehen, wenn wir die Genderbrille aufsetzen, nicht mehr „schwarz-weiß", wir vergleichen nicht mehr einfach „Mädchen – Jungen", wir bleiben damit nicht in der ersten Genderdimension der einfachen Geschlechterunterscheidung; vielmehr öffnet sich in einer zweiten Genderdimension die Wahrnehmung der Vielfalt. Das Dilemma ist: in dieser Vielfalt gibt es nach wie vor Geschlechter, auch wenn manche möchten, dass das nicht mehr so ist oder dass Geschlechter nicht mehr so starke Bedeutung haben. (Ich bin da übrigens anderer Meinung: In letzter Zeit frage ich in Gendertrainings die Teilnehmenden, ob sie denn *möchten*, dass sich Geschlechter gänzlich auflösen? Immer lautet die durchgängige Antwort: nein, das möchte „eigentlich" niemand. Die Qualitäten verändern, die Spielräume erweitern, Ungleichheiten verändern – ja, das schon! Aber verschwinden sollen Geschlechter nicht, dafür macht das Geschlechtlichsein doch zu viel Spaß, auch wenn es einen bisweilen zur Verzweiflung treibt).

Die fachliche Geschlechterdiskussion ist ja heute bei einer einfachen Differenzierung angelangt: Mädchen sind etwas Besonderes *und* Jungen sind etwas Besonderes. Bei Gender, in der zweiten Dimension, geht es damit nicht nur um Unterschiede *zwischen* Jungen und Mädchen oder Männer und Frauen, sondern auch um Gleiches zwischen ihnen und um die Frage, wie sich Geschlechter wechselseitig (interaktiv) herstellen; darüber hinaus werden auch Unterschiede *unter* Jungen und unter Mädchen in den Blick genommen: wie werden Geschlechter *unter* Jungen oder unter Männern produziert, wie werden Geschlechterthemen unter Jungen verhandelt? Eine jungenbezogene Genderperspektive fokussiert Jungen, sie kann wie eine Lupe sein, die auf Jungen und Männer gerichtet wird.

Wenn wir den Blick gezielt auf Jungen richten, hat das einen doppelten Effekt. Zuerst führt es dazu, dass wir Geschlecht(er) machen: wir wählen Jungen aus, wir definieren sie nach welchen Kriterien auch immer, wir führen sie – im Kopf oder real – in Gruppen zusammen usw.: das alles „macht" Geschlecht. Aber: im zweiten Schritt lösen sich paradoxerweise Geschlechter oder Geschlechterbilder auf. In der Praxis habe ich oft den Eindruck, dass der Definitionszwang (für Jungen: „als männlich") schwindet, sobald der Unterscheidungsdruck aus koedukativen Arbeitsformen weg ist. Dann wird durch die Genderbrille die Vielfalt unter Jungen deutlich, Jungen dürfen sich unterscheiden, sie unterscheiden sich auch und wir sind näher an der Wirklichkeit. Nebenbei: ich bin hier trotzdem nicht der Meinung, dass wir das nur in homosozialen Zusammenhängen (Jungengruppen) tun sollen und können; die Arbeit in „reinen" Jungengruppen bietet je nach Zielsetzung, Alter, Situation usw. besondere Vorteile, genauso, wie das in der koedukativen Arbeit der Fall sein kann. Umgekehrt unterdrücken homosoziale Arbeitsweisen andere Differenzierungen (z.B. Migration, Schicht, Bildung, Benachteiligungen, regionale Herkunft/Stadt-Land), die – je nach Fragestellung – bedeutsam, vielleicht bedeutsamer als Geschlecht sein können.

Weil die Vielfalt des Jungeseins, die Unterschiede unter Jungen oft enorm groß sind, ist es schwierig, Aussagen über *die* Jungen zu machen. Auch mit latenten oder offenen Wertungen und Bewertungen sollte vorsichtig umgegangen werden, weil sich schnell Geschlechterzuschreibungen und Pauschalisierungen einschleichen. Die Genderperspektive verlangt es stattdessen, sensibler – gerade auch auf Jungen hin – zu werden und dabei erst einmal genauer oder anders wahrzunehmen. Dafür kann es hilfreich sein, auf die Jungen hin einfache Genderfragen zu stellen, z.B.:

- Wie machen Jungen Geschlechter, was tun sie dabei?
- Wie (genau) stellen sie immer wieder neu Geschlechter her?

Wenn wir so fragen oder so in der pädagogischen Arbeit auf Jungen zugehen, wird die Vielfalt des Jungeseins in der Moderne erkennbar – und es hilft im Umgang mit dieser Vielfalt, Pädagogik passgenauer zu machen: Sie richtet sich dann nicht an oder auf Jungen-Phantome, an stereotypisierte Bilder, an Landkarten, sondern an lebendige Menschen. Der Einzelne, das Individuum, das Subjektive tritt dabei hervor: Wir fragen weniger, wie „die" Jungen sind, sondern mehr: wie ist dieser oder jener, wie machen Paul, Jannik oder Yassin „ihr" Jungesein – und gefällt uns das oder nicht? Wenn es uns nicht gefällt sind wir als Pädagoginnen und Pädagogen dazu aufgefordert, unseren Teil dafür beizutragen, dass sie zumindest auch über Alternativen verfügen (und dafür brauchen wir Vorstellungen davon, wie das Jungesein positiv definiert und gemacht werden kann; vgl. dazu Winter/Neubauer 2001).

Obwohl dabei der Einzelne mehr in den Vordergrund tritt, ist Gender kein rein subjektives oder individualisierendes Konzept. Gender wirkt nicht nur individuell, sondern auch sozial, in der strukturellen Dimension. Wenn wir viele Einzelfälle vor uns haben, können natürlich auch gemeinsame Themen und Strukturen erkennbar werden; die – jeweils aktuelle, d.h. sich stets verändernde – Vergesellschaftung des Geschlechtlichen begegnet uns auch bei einzelnen Jungen und bei Jungengruppen. Deshalb sollten wir auch fragen,

❏ wieso es so wichtig ist, immer wieder demonstrativ Geschlecht zu machen? Woher kommt dieser Druck auf Jungen?
❏ Warum machen Jungen ihr Geschlecht so und – sofern es uns nicht gefällt – nicht anders?
❏ Was brauchen sie, damit sie es anders machen können? (Also nicht nur endlose Genderkritik, keine Genderdemontage für Jungen, sondern Räume für die „Entwicklung von Genderkreativität"); aber genauso:
❏ Wo finden sich neue Genderschöpfungen? Wo und wie passiert Gender so, dass alle Beteiligten zufrieden sind? Wo sind die Genderlüste und Genderfreuden? Gender ist ja nicht automatisch ein Problem, sondern in erster Linie etwas, was mit Gelingen, Lust und Lebensfreuden zu tun hat – auch in der Pädagogik.

Nicht zuletzt sind Pädagogen und Pädagoginnen aufgefordert, sich selbst und ihre Institutionen in den Blick zu nehmen, etwa mit den Fragen:

❏ Wie „mache" ich Geschlecht(er)? Welche Formen zeige ich, was produziere ich, was ermögliche und was verhindere ich?
❏ Wie stellt unsere Institution Geschlecht her? (z.B. über Strukturen, Räume, pädagogische Angebote, Personalauswahl)
❏ Was kann ich, was kann die Institution dazu beitragen, dass die Vielfalt größer, genderbezogene Verengungen weniger werden?
❏ Was kann ich, was können wir tun, dass es weniger Benachteiligungen, Ausschlüsse, Unterdrückung gibt?

■ Wenn Jungen fernsehen tun

In einem weit gespannten Netz von sozialen Arenen und Räumen suchen und finden Jungen das Material, den Stoff für die Aneignung und Bewältigung ihrer Geschlechterfragen: bei den Eltern und im familiären Umfeld, in der Clique, bei ihrem besten Freund, ihrer Freundin, bei eigenen Erfahrungen und Experimenten, in Schule, Jugendarbeit und Jugendhilfe, am Computer und im Internet, in der Berufsausbildung und im Sport, in Zeitschriften, der Werbung und auf der Straße, beim Musikhören - und eben auch beim Fernsehen. Wirklichkeit wird kulturell festgehalten, sie schlägt sich auch nieder in kulturellen Produktionen, wie z.B. im Fernsehen. Dabei hat das Fernsehen eine doppelte Konstruktionsdynamik: Es bildet einerseits Wirklichkeiten ab, also das, was es wirklich gibt (wer allerdings schon einmal gesehen hat, wie das passiert, weiß, dass bei diesem Abbilden die Wirklichkeit oft heftig verzerrt wird). Andererseits produzieren Medien selbst Wirklichkeit, wenn sie fiktiv arbeiten. Genderproblematisch ist das dort, wo Abbilder vermittelt und produziert werden, wo kulturelle Konserven immer wieder aufgewärmt werden, wie z.B. in alten Spielfilmen oder in anderen, in schlechten Produktionen, die Geschlechter nicht reflektieren, sondern bloß reproduzieren (v.a. im kommerziellen Fernsehen). So werden Geschlechter auch durch Medien immer wieder neu zu kulturellen Konserven und Strukturen (was wiederum die Soziologen freut, wenn sie sie entdecken).

In Zeiten der Individualisierung kann diese Dynamik aber direkt auf einzelne Jungen und Männer zurückschlagen, wenn ihnen *persönlich* problematische Geschlechterbilder oder Bewältigungsformen vorgeworfen werden, ohne zu reflektieren, dass sie meist keine Gelegenheit hatten, sich alternativ Vorstellungen anzueignen (das gilt ganz besonders für Benachteiligte). Wie aus heiterem Himmel erscheint oft eine Meßlatte, die Jungen und Männer aus dem Stand und ohne Training überspringen können sollen.

Alle Medien „machen" Gender: so oder so, meist unhinterfragt und mit einer hohen Selbstverständlichkeit. Das Fernsehen ist dabei ein – mehr oder weniger wichtiges – Element (vgl. z.B. Klaus/ Röser 1996). In Bezug auf das Jungesein und Mannwerden erfüllt es mehrere Funktionen:

❑ es präsentiert männliche Kulturformen und Normen, setzt Normalitäten fest und vermittelt Genderstandards ("Was im Fernsehen kommt, das stimmt."), es vermittelt aber auch Genderinnovationen;
❑ es ermöglicht aktive Aneignung: Jungen konsumieren aktiv und wählen dabei aus, was sie brauchen können, sie integrieren ausgewählte Segmente ebenfalls aktiv.

Genderbezogen bietet das Fernsehen Jungen also zweierlei: Es stellt Geschlecht her und bildet ab, was es an Geschlechtlichem gibt; und es wird konstruktiv benutzt, es bietet Gendermaterial, Vorbilder und Bewältigungsmuster.

Wenn Jungen fernsehen, sind sie nicht ausgeliefert, sie sind nicht passive Konsumenten. Sie sind aktiv, sie tun etwas – Jungen *tun* fernsehen. Es finden Auswahl-, Entscheidungs- und Aneignungsprozesse statt, es geschieht etwas, und es passieren unterschiedliche Dinge: Selbst wenn z.B. 12jährige Jungen mit derselben Bildung und mit Freunden aus derselben Schulklasse eine Sendung ansehen, sehen sie darin und dabei völlig unterschiedliche Figuren, Themen, ziehen sie Unterschiedliches heraus und hinein. Mit ihren Lieblingssendungen und -figuren managen sie dabei auch die Themen, die sie aktuell umtreiben und beschäftigen. Nicht alle Jungen sehen gerne animierte Zeichentrickfilme, wie Yu Gi Oh oder Pokemon. Aber diejenigen, die diese Sendungen gerne schauen, finden darin etwas, was sie beschäftigt: für sie ganz existenzielle Themen wie größer und kräftiger werden, Potentwerden und männliche Potenz, Umgang mit Größenphantasien, Kämpfen, Siegen, Gewalt, das Gute gegen das Böse usw. – das sind offenbar handlungsleitende Themen, die Jungen in einem gewissen Alter stark beschäftigen. Wenn wir verstehen, warum Jungen diese Sendungen lieben, verstehen wir die Jungen (besser). Solche Sendungen zu verteufeln oder aus einer arroganten Position heraus abzuwerten – auch wenn sie aus ästhetischen oder gewaltbezogenen Gesichtspunkten als problematisch bewertet werden können – trifft nicht den Kern des Problems, das Jungen haben. Besser wäre es vielleicht, nach den Lebenswirklichkeiten zu fragen, die Jungen solche Themen zur Bewältigung überlassen.

Natürlich interessieren sich Jungen beim Fernsehen für Fragen, die sich um das "Männlich-Sein" drehen. Allerdings hat sich dabei die Perspektive geändert. Früher lautete das Aneignungsziel (verkürzt): So sind *die* Männer, so will oder muss ich wohl auch werden. Heute steht für die meisten Jungen die Bewältigung von Individualisierung im Vordergrund ihres Interesses: Ich bin, ich werde ein Mann – wie will oder soll *ich mich* gestalten? Dies verweist auch auf einen gravierenden Mangel in der Lebenslage vieler Jungen: Das Jungesein wurde freigesetzt aus traditionellen Männlichkeitszwängen, ohne den Jungen (in Bildung, Familie, Jugendarbeit) passende "Tools" für den Umgang mit dieser Lebenslage anzubieten.

Wenn Jungen fernsehen, tun sie das auch aus dem Interesse heraus, etwas über das Männliche zu erfahren. Die Sehnsucht der Jungen, beim Fernsehen in Einblick in echte Männerwirklichkeiten zu erhalten, ist oft spürbar. Weil es in anderen Lebensbereichen an Orientierungen für das "modernisierte" Junge- beziehungsweise Mannsein fehlt, werden durch das Fernsehen vermittelte Einblicke hinter Fassaden des Privaten genauso wie die Ausblicke auf das spätere Mannsein bedeutsamer. Nicht umsonst ist bei „Big Brother" der Blick in den Container besonders für Jungen interessant: Dort meinen sie sehen zu können wie das Mannsein in der Moderne in der Wirklichkeit, „in echt" geht (und natürlich wollen sie darüber hinaus auch sehen, wie diese Männer mit Frauen umgehen und vielleicht den einen oder anderen Blick auf leicht bekleidete Frauen erhaschen). Bei Soaps bietet sich ein „fast" echter Einblick in die Tiefen von Beziehungswirklichkeiten. Spannungsbetonte Actionserien zeigen dagegen, ähnlich wie Zeichentrickfilme, die Wirklichkeit deutlich reduzierter, eingekocht auf dramatische Schwerpunkte, Leistungs- und Bewältigungszwänge; hier sehen Jungen mehr die Muster, wie Jungen und Männer mit Anforderungen des Lebens (auch) umgehen können.

Der Bereich der Persönlichkeit rückte also in den Vordergrund, traditionelle Männlichkeit verlor dagegen an Wert. Wenn wir heute Jungen fragen, welche Eigenschaften ein Mann haben soll, und fassen diese Meinungen zusammen, dann entsteht ein facettenreiches, ausbalanciertes Bild. In Bezug auf andere Jungen oder Mädchen ist für sie ihre je eigene Individualität genau so zentral, die sich vom markant Männlichen erst einmal abhebt. Das allerwichtigste ist offenbar, echt, authentisch zu sein und zu bleiben (vgl. Winter/Neubauer 1998): So ist fürs Jungesein wesentlich, einen "guten Charakter" zu haben, man soll einen "guten Eindruck" machen und über "Ausstrahlung" und das "gewisse Etwas" verfügen. Mit dieser Orientierung sind auch die individuellen Möglichkeiten, wie Jungen sein dürfen, erheblich gewachsen. Umgekehrt müssen sie sich aber nach wie vor fragen: Wie kann ich mich "als männlich" zeigen? Denn aus den Geschlechterselbstverständlichkeiten gibt es keinen Ausweg. Damit steigt die Notwendigkeit, sich selbst – auch geschlechtsbezogen "als Junge" – zeigen und darzustellen zu müssen: Um authentisch zu sein muss ich ja wissen, wer ich bin, "sonst spiele ich nur". Im Zuge der gestiegenen Bedeutung des Persönlichen und der Individualisierung werden so wiederum Unterschiede, die Vielfalt offensichtlich und insgesamt wichtiger. Solche Differenzierungen unter den Jungen werden augenfällig, wo wir sie unter Genderaspekten zum Fernsehen befragen (wie derzeit in unserer Figurationen-Studie, die wir für das IZI durchführen, das Bayerische Zentralinstitut für das Jugend- und Bildungsfernsehen). So wie die Jungen, die wir befragen, keineswegs eindeutig sind, sind auch die Bedeutungen der Figuren, der Szenen oder der Fernsehsendungen für die Jungen vielschichtig. So gibt es z.B. weder für "die" Jungen, noch für einzelne Fälle "den" einen Grund, eine Actionserie anzuschauen oder "die" eine Funktion, die eine Soap für sie erfüllt (vgl. Winter/Neubauer 2002). Die Bedeutungen, die Jungen dem Fernsehen geben und übertragen, zeigen sich viel mehr segmentiert und zersplittert: Gewisse Teile ergeben dabei erkennbare Formen, andere dagegen liegen mehr diffus und chaotisch nebeneinander.

Noch aktiver als beim Fernsehen sind Jungen, wenn sie als Produzenten, als aktive Darsteller und „Macher" in Erscheinung treten (vgl. von Hören 2002), wenn man so will: wenn sie Fernsehen machen tun. Fatal ist, wenn die begleitenden Medienpädagogen meinen, es könne „geschlechtsneutral" produziert und präsentiert werden; dieses „über dem Geschlecht stehen" wird in der Moderne oft hinter Gleichheitsfloskeln versteckt ("Mann, ob Frau – das Geschlecht spielt heute doch keine Rolle mehr."). Dabei setzen sich aber traditionelle Geschlechterfilter ungehindert durch. Nicht geschlechterreflektierende Produktion bedeutet dann, dass traditionelle Muster und Jungen"typen" überrepräsentiert werden, weil nur diese unter der Perspektive "Jungen" wahrgenommen werden. Ebenso problematisch ist es, wenn die Medienpädagoginnen und -pädagogen nur veraltete Geschlechtertheorien kennen oder überholten Genderkonzepten nachhängen: etwa einem Depotenzierungsansatz mit der Vorstellung, man müsse Jungen ihr schlechte Männlichkeit nur austreiben und abschneiden, dann bleibe das richtige schon übrig, oder der schrägen Idee, Jungen sollten irgendwelche „weiblichen Anteile" integrieren. Hier ist es allein wegen der Qualität der pädagogischen Arbeit notwendig und aus einer professionellen Perspektive unverzichtbar, dass Medienpädagogen und -pädagoginnen die neueren Genderansätze verstehen, einbeziehen und umsetzen.

Wenn wir genau hinschauen kann durch Genderkonzepte wahrgenommen werden, dass viele Jungen in Bezug auf ihr Junge- und Mannsein immer einen Schritt weiter sind, als dies Erwachsene sehen. Als Produzenten können Jungen vor allem all das thematisieren, bearbeiten und einbauen, was erwachsene Medienmacher oft gar nicht wahrnehmen *können*, eben weil sie schon erwachsen sind. Auch wegen diesem visionären Potenzial ist genderbezogene Medienpädagogik für und mit Jungen so fruchtbar und wichtig.

Literatur

von Hören, A.: Der projizierte Held. Videoproduktionen mit Jungen. In: Sturzenhecker, B./Winter, R.: Praxis der Jungenarbeit. Modelle, Methoden und Erfahrungen aus pädagogischen Arbeitsfeldern. Weinheim (Juventa) 2002.

Klaus, E./Röser, J.: Fernsehen und Geschlecht. Geschlechtsgebundene Kommunikationsstile in der Medienrezeption und -produktion. In: Marci-Boehncke, G./Werner, P./Wischermann, U. (Hrsg.): BlickRichtung Frauen. Theorien und Methoden geschlechtsspezifischer Rezeptionsforschung. Weinheim (DSV), S. 37-60

Winter, R.: Jungen: Reduzierte Problemperspektive und unterschlagene Potenziale. In: Becker, R./Kortendiek, B. (Hrsg.): Handbuch Frauen- und Geschlechterforschung. Wiesbaden (VS) 2004, S. 353-359

Winter, R./Neubauer, G.: Kompetent, authentisch und normal? Aufklärungsrelevante Gesundheitsprobleme, Sexualaufklärung und Beratung von Jungen. (BZGA-Fachheftreihe Bd. 14). Köln (BZGA) 1998.

Winter, R./Neubauer, G.: Dies und Das! Das Variablenmodell "balanciertes Junge- und Mannsein" als Grundlage für die pädagogische Arbeit mit Jungen und Männern. Tübingen (Neuling) 2001.

Winter, R./Neubauer, G.: Da kannst du mal sehen. Jungen und Soaps. In: Götz, M. (Hg.): Alles Seifenblasen? Die Bedeutung von Daily Soaps im Alltag von Kindern und Jugendlichen. München (KoPaed) 2002

Andreas Kirchhoff, Ilona Herbert

15/03 | 15/04 - Ein Filmprojekt mit Mädchen- und Jungengruppen aus Münchner Jugendtreffs

> *„Stellen Sie sich vor: Forscher der Gruppe B haben auf dem Mars ein Trinkwasservorkommen entdeckt! ..... Eine Flasche dieses exklusiven Genusses ist für 5000 World zu erstehen."*
> Zitat aus „Zapping 2200" Mädchengruppe des Jugendtreffs Akku
>
> *„... ich bin 15 Jahre alt und mein Traumberuf ist es, Rennfahrer zu werden. ... Bis dahin muss ich noch etwas üben."*
> Zitat aus „Wunschträume" Jungengruppe des Freizeittreffs Sendling

Wie sehen 15jährige Mädchen und Jungen ihre Gegenwart und Zukunft? Welche Träume und Wünsche haben Sie? Und inwiefern unterscheiden sich dabei Herangehensweise und Vorstellungen von Mädchen und Jungen?

Diese Fragen standen im Mittelpunkt eines Filmprojekts des Medienzentrum München, das in Zusammenarbeit mit dem Kreisjugendring München-Stadt von Sommer 2003 bis Herbst 2004 durchgeführt wurde. In zehn Jugendtreffs des Kreisjugendrings München-Stadt gingen Mädchen- und Jungengruppen im Alter zwischen 14 und 16 Jahren diesen Fragen nach und produzierten fünfminütige Clips und Kurzfilme auf Video. Die Gruppen bestanden im Durchschnitt aus fünf bis acht Jugendlichen aus den jeweiligen Freizeitstätten. Ausgangspunkt des Projektes war, dass Jugendlichen im Alter von 15 Jahren zwar prinzipiell viele Möglichkeiten in ihrem Leben offen stehen, sie sich aber in einer Lebenssituation befinden, die von Unsicherheiten und Orientierungsschwierigkeiten gekennzeichnet ist. Sie wachsen in eine Welt hinein, deren Klima von einer problematischen Wirtschaftslage, hoher Arbeitslosigkeit sowie von Kriegs- und Terrorismusschlagzeilen geprägt ist. Dazu kommen altersspezifische Problemlagen, beispielsweise Konflikte mit Eltern, schulische Probleme oder fehlende Perspektiven für den Berufseinstieg.
Mit Hilfe des Videoprojekts sollten diese Zukunftsängste thematisiert werden, aber auch ihre Wünsche und Träume aufgegriffen und filmisch dargestellt werden. Ziel des Projektes war mit Hilfe von kurzen Videospots ein filmisches Kaleidoskop über Gegenwart und Zukunft von 15-Jährigen Jugendlichen im Jahr 2003 und 2004 entstehen zu lassen. Um den geschlechtsspezifischen Sicht- und Arbeitsweisen der Jungen und Mädchen gerecht zu werden, wurde das Projekt geschlechtshomogen geplant und durchgeführt. Das Mädchenprojekt „15/03" wurde von Sommer 2003 bis Frühjahr 2004 durchgeführt, das Jungenprojekt „15/04" startete anschließend und wurde im Herbst 2004 abgeschlossen. Sämtliche Produktionsphasen wurden von den Jugendlichen selbst übernommen, angefangen vom Drehbuch bis hin zum Schnitt und zur Endfertigung des Beitrags. Im Mittelpunkt stand jedoch die inhaltliche Auseinandersetzung mit dem Thema ‚Zukunft'. Ganz nebenbei erwarben sie aber auch das Handwerkszeug für die eigenständige Produktion eines Filmes und damit die Möglichkeit, eigene Vorstellungen medial umzusetzen.

> *„Wenn Du die Battle gewinnst, kannst Du meine Keule haben"*
> Zitat aus „The Battle" Jungengruppe des Freizeittreffs Pfiffteen

■ Von der Idee zum Dreh

Die Projekte mit den Jungen- und Mädchengruppen liefen in der Regel folgendermaßen ab, wobei es grundsätzlich keine geschlechtsspezifischen Unterschiede gab. Zunächst wurden in einem Brainstorming alle in der Gruppe vorhandenen Ideen gesammelt. Die Jugendlichen konnten von sich aus entscheiden, wie sie das Thema aufbereiten möchten und welches Genre sie wählen. Die Mädchengruppen wurden von Sozialpädagoginnen bzw. Medienpädagoginnen betreut, die Jungengruppen von männlichen Teamern. Während die Sozialpädagoginnen bzw. -pädagogen die Organisation der Mädchen- und Jugendgruppen übernahmen und bei Bedarf die inhaltliche Diskussion leiteten, übernahmen die Medienpädagoginnen bzw. -pädagogen die filmspezifischen und dramaturgischen Fragen. Im Mittelpunkt aller Projekte stand das Thema Zukunft. Dabei wurden verschiedene Zukunftsmodelle entworfen, hinterfragt und diskutiert. Doch nicht alles, was im Laufe der Diskussionsprozesse aufgegriffen wurde, fand sich schließlich in den Filmen wieder. Sobald sich die Gruppe auf ein Thema geeinigt hatte und eine passende Geschichte gefunden wurde, konnte ein Drehbuch entworfen werden. Da die Ideen zunächst oft abstrakt und von bekannten Bildern aus Kino- und Fernsehproduktionen geprägt waren, war es sinnvoll, zur Veranschaulichung ein Storyboard zu erstellen. Die Jugendlichen überlegten hier konkret, wie die Szene aussehen soll, wo die einzelnen Personen stehen, wie die Ausstattung der Szene sein soll und setzten sich so mit der Logik ihrer Erzählung und den filmischen Gestaltungsmöglichkeiten auseinander.

Nach der Fertigstellung des Drehbuchs bzw. des Storyboards, erfolgte eine Einführung in die Technik: Licht, Ton, Kamera und das alles im Teamwork. Die Vermittlung grundlegender Technikkenntnisse war vor allem deshalb wichtig, damit die Jugendlichen möglichst autonom die Dreharbeiten durchführen konnten. Um allen Teilnehmenden den Zugang zu den verschiedenen Produktionsbereichen und Rollen zu ermöglichen, wurde darauf geachtet, dass jede/r sowohl vor als auch hinter der Kamera agiert. Erste Szenen konnten so schon einmal ohne Druck geprobt werden, damit ein erster Eindruck entsteht, wie die eigentlichen Dreharbeiten schließlich ablaufen werden.

Mit dieser Erfahrung wurden dann die Drehpläne erstellt, mit deren Hilfe die Jugendlichen festlegten, wer wann und wo zum Einsatz kommt, welche Ausstattung und Technik erforderlich ist und in welcher Reihenfolge die Szenen abgedreht werden.

Da Verbindlichkeit auf Seiten der Jugendlichen eine unabdingbare Voraussetzung für die erfolgreiche Durchführung eines Filmprojektes ist, wurden die Dreharbeiten zeitlich sehr kompakt geplant. Rollen und Funktionen wurden nach Bedarf und Drehplan getauscht. Die Pädagog/innen vor Ort waren für die Gruppendynamik zuständig, die Medienpädagog/innen für technisch-gestalterische Fragen und Anregungen, sowie den reibungslosen Ablauf des Drehs.

Nach Beendigung der Dreharbeiten bekamen die Gruppen Kopien der Bänder, damit sie sie vorsichten und die Szenen aussuchen können, die sie für den Film verwenden wollen. Eine kleine Einführung in die Kunst des Schnitts brachte den Jugendlichen dabei vorab verschiedene ästhetische Gestaltungsmöglichkeiten nahe und machte Grundregeln der Filmsprache deutlich. Anschließend folgte die technische Einführung in die Bedienung des Schnittsystems. Nun waren die Jugendlichen in der Lage, ihren Film eigenständig zu schneiden und fertig zu stellen, wobei die Medienpädagog/innen als Ansprechpartner ständig zur Verfügung standen.

Es zeigte sich, dass der Schnitt häufig zu heftigen Diskussionen über Qualität und Inhalt des Produkts führt. Denn erst jetzt wird die Geschichte in ihrer Gesamtheit gesehen und es können die Aussagen des Films überprüft werden. Somit ist es wichtig, für den Schnitt genügend Zeit einzuplanen, um Freiraum für diese Diskussionen zu schaffen.

Nachdem letzte technische Nachbesserungen und Feinarbeiten, wie beispielsweise das Ausgleichen von Tonschwankungen, durch die Medienpädagog/innen vorgenommen wurden, waren die Produktionen bereit für die gemeinsame Premiere, die im Münchner Filmmuseum stattfand.

> „Ich kenne eine Wahrsagerin in der Stadt, sollen wir hingehen und uns sagen lassen was wir in der Zukunft werden?"
> Zitat aus „ Jetzt – und Zukunft" Mädchengruppe des Kinder- und Jugendtreffs Au

■ Die Arbeit mit den Mädchengruppen

In insgesamt sechs Münchner Freizeitstätten wurden Mädchenprojekte durchgeführt. Die Projektdauer war abhängig von Gruppenstruktur und –zusammenhalt. Die Gruppen waren äußerst unterschiedlich, von festen Gruppen über zufällig anwesende Mädchen des Mädchennachmittags bis hin zu drei Freundinnen, die im geforderten Alter waren und Lust auf ein Filmprojekt hatten.
Bis auf ein Projekt, das als Ferienmaßnahme gestaltet war und einem Projekt, bei dem Folgetermine jeweils mit den Mädchen vereinbart wurden, waren die Mädchenprojekte in die bestehenden Mädchennachmittage der Freizeitstätten eingebunden. Dies hatte den Vorteil, dass die Mädchen schon an die Termine gewöhnt waren und eine relativ hohe Verbindlichkeit bestand.
Das kürzeste Projekt lief drei mal zwei Stunden, die beiden längsten fünf komplette Tage plus acht etwa 2stündige Vorbereitungstermine.

> „Mein Name ist Dragana, ich bin 15 Jahre alt..."
> Zitat aus „MOG", Mädchengruppe des Jugendtreffs Mooskito

Die Idee einen Film zum machen stieß bei den Mädchen durchwegs auf positive Resonanz. Verlockend war zum einen die Aussicht einen Film über sich zu machen, zum anderen, eigene Vorstellungen von der Zukunft einzubringen und der Phantasie freien Lauf für eine Filmgeschichte zu lassen.

Außer bei einer Gruppe, die von der Fülle der Möglichkeiten so überfordert war, dass die Projektidee mehrere Wochen mit intensiven inhaltlichen Diskussionen im Freizeittreff füllte, war der Plot bei den meisten sehr schnell gefunden. Auch die Drehbücher in der Rohform waren meist innerhalb von 30 Minuten geschrieben. Die Mädchen hatten dabei teilweise ein erstaunliches Gefühl für Dramaturgie. Bei den dokumentarischen Projekten wurde kein Storyboard erstellt, sondern das Drehbuch nur als Fragenkatalog entworfen. Die Drehbücher, bzw. Fragenkataloge dienten dazu, neben filmtechnischen Fragen auch Klarheit über die Aussagen der Filme zu bekommen. Hier entstanden Diskussionen über herkömmliche und eigene Rollenbilder, die manchmal Einzug in die Drehbücher oder Fragenkataloge fanden, aber oft fallen gelassen wurden, um die Filme dem gewohnten Sehstandard anzugleichen.

Bei der Besprechung der Drehbücher wurde den Mädchen aber auch noch etwas anderes klar: Sie waren für den Inhalt des Films verantwortlich und man konnte sie als Schauspielerinnen sogar darin sehen. So wurden mehrere Änderungen nötig: Die Eltern durften die Mädchen nicht rauchen sehen, bestimmte Kleidungsstücke wurden dem Elternauge angepasst und einmal wurde eine Szene Minuten vor Drehbeginn komplett umgeschrieben, die ein Mädchen vor dem ersten Mal mit einem Kondom in der Hand gezeigt hätte. Gerade im letzten Beispiel verlor der Film durch die überstürzte Änderung viel an Authentizität und rotem Faden, doch die Mädchen waren nicht umzustimmen.

> *Mir ist es gelungen, die ausgestorbene Tierart Hund gleich zwei Mal zu klonen.*
> Zitat aus „Zapping 2200" Mädchengruppe des Jugendtreffs Akku

Die Aussicht, sämtliche Technik beim Dreh selbst zu bedienen, stieß auf geteilte Meinungen. Eine Gruppe weigerte sich und stellte nur eine feste Kamera auf, um vor dieser von sich zu erzählen. Bei allen anderen Gruppen war das Interesse an Technik mehr oder minder vorhanden. Problematisch wurde es immer dann, wenn die Mädchen von anderen Aktivitäten im Jugendtreff abgelenkt wurden, da sie sich dann völlig aus der Technik ausklinkten. Fand die Technikeinführung jedoch ungestört statt, entstand meist eine Dynamik, die alle Mädchen mitriss und sie schließlich dazu brachte, sich die Technik gegenseitig aus der Hand zu reißen, sie zu untersuchen und auszuprobieren.

> *Immer wenn ich kuscheln will, blockt er voll ab.*
> Zitat aus „Die Party" Mädchengruppe Aubinger Tenne

Die Dreharbeiten wurden als sehr anstrengend empfunden. Die einhellige Meinung war, Schauspielern ist ein unglaublich anstrengender Beruf. Fanden die Dreharbeiten nicht kompakt statt, was bei zwei Projekten der Fall war, war es für die Mädchen äußerst schwierig, wieder in die Rollen hineinzuwachsen. Die besten Drehtage waren die mit ausreichend Catering, völliger Ruhe am Drehort, Unterstützung beim Gruppenprozess durch die Pädagoginnen vor Ort und genügend Zeit und Raum zum Dekorieren, schminken und Technik installieren.

> *… dann bin ich jetzt ganz neu in die JU eingetreten, die Jugendpartei der CSU, und ich mach jetzt einen Tanzkurs.*
> Zitat aus „Chaosinterviews 15/03" Mädchengruppe Trudering/Neuperlach

Der Schnitt ist erfahrungsgemäß für die Gruppenarbeit am problematischsten. Zum einen ist er langwierig und mit wenig Action verbunden, zum anderen für die meisten langweilig, da nur wenige schneiden können. Bei den Gruppen mit bis zu vier Mädchen wurde an einem Schnittplatz gearbeitet, die größeren Gruppen wurde in Kleingruppen unterteilt, die entweder an verschiedenen Schnittplätzen gleichzeitig oder an einem Schnittplatz nacheinander schnitten. Bei der aufgeteilten Lösung ist großes Vertrauen in die jeweils andere Kleingruppe nötig. Hier wurde so verfahren, dass während der Sichtung schon vereinbart wurde, welche Szene wohin kommt und somit beim Schnitt nur noch der Auftrag ausgeführt werden musste.

Die Diskussionen über die Filme am Schneidetisch gehörten zu den spannendsten Moment im Rahmen der Mädchenprojekte. So erfuhr man ganz nebenbei von geplanten Nasenoperationen und Fettabsaugungen, die spätestens mit 16 Jahren statt finden sollten („Sieht man doch wie unmöglich ich aussehe!") Erfährt vieles über Hintergründe zu den einzelnen Szenen und kann den Mädchen anhand des Filmes die eine oder andere Anregung für die Zukunft mitgeben. Erstaunlich war aber auch die Selbstreflexion anhand der (fiktiven) Story. Die Mädchen trennten sehr genau zwischen den Rollen, die sie geschrieben und dargestellt haben und dem, was sie eigentlich für sich erhoffen.

> „Und, wirst Du es ihm heute sagen?"
> Zitat aus „Die Party" Mädchengruppe der Aubinger Tenne

Inhaltlich entstanden sehr unterschiedliche Filme. So stellt sich eine Mädchengruppe lediglich vor laufender Kamera vor und spricht über ihre Situation in der Gegenwart und über ihre Zukunftswünsche. Eine andere Gruppe interviewt sich selbst und andere 14 – 16jährige zum Thema Alltag und Zukunftspläne. Eine bestehende HipHop – Mädchentanzgruppe, setzte ihr Thema in einem Spielfilm mit dem Titel „Maybe Ladiez 4ever" um, in dem ihre Idealvorstellungen vom Zusammenhalt der Gruppe bis ins hohe Alter dargestellt werden (siehe DVD). In einem weiteren Kurzspielfilm beschäftigten sich drei Freundinnen mit der nahen Zukunft. Bei einer Party verarbeiten sie ihre Träume, Wünsche und Ängste bezüglich Partnerschaft und Liebe. In dem Kurzkrimi „Jetzt und Zukunft" werden schließlich die Tücken deutlich gemacht, die mit einem konkreten Blick in die Zukunft verbunden sein können (siehe DVD). Beim „Zapping 2000" der Mädchengruppe des Jugendtreffs Akku reichte die Zukunft schließlich bis ins Jahr 2200. Die Ergebnisse langer Diskussionen der Gruppe über Zukunft der Erde und der Menschheit wurden in ihrem Clip als Zappen durch das Fernsehprogramm im Jahr 2200 dargestellt.

■ Fazit aus der Arbeit mit den Mädchengruppen

Die Mädchen arbeiteten gerne in reinen Mädchengruppen. Sie waren sowohl inhaltlich als auch bei den technischen Arbeiten eher erleichtert, nicht von Jungs gestört zu werden. Als Schauspieler waren Jungen durchaus zugelassen, was für die Geschichten mitunter wichtig war. Hier konnte man beobachten, dass die Mädchen, wenn die Jungen sehr früh in das Projekt einbezogen wurden, sich von den Jungen verunsichern ließen. So waren sie sich häufig hinsichtlich ihres Drehbuchs nicht mehr sicher und ließen sich die Technik aus der Hand nehmen. Hier musste von Seiten der Betreuerinnen klar gemacht werden, dass es sich hier um ein Mädchen- und kein Jungenprojekt handelt. In späteren Phasen der Produktion gewannen die Mädchen in der Regel aber so viel Selbstvertrauen inhaltlicher und technischer Art, dass sie von sich aus keinerlei Einmischung mehr in den Film erlaubten. Die Jungen hatten sich an das Drehbuch zu halten und wurden ansonsten als Störfaktoren wahrgenommen und des Raumes verwiesen. Die Mädchengruppen zeigten unglaublichen Willen, trotz teilweise widriger Umstände, ihren Film fertig zu stellen. Denn ein fertiges Produkt am Ende des Projekts war erklärtes Ziel.

■ Die Arbeit mit den Jungengruppen

Die Jungen-Video-Projekte liefen zwischen März und September 2004 in fünf Freizeitstätten des KJR. Im Gegensatz zu den Mädchenprojekten, die vielfach an bestehende Mädchengruppen und feste Mädchennachmittage anknüpfen konnten, gab es bei den Jungen kaum vergleichbare Strukturen. Nur eine der Gruppen traf sich auch außerhalb des Videoprojekts regelmäßig zu Jungennachmittagen. In den übrigen Freizeitstätten gelang es jedoch vergleichsweise problemlos, im Vorfeld Besucher aus dem offenen Bereich für das Videoprojekt zu gewinnen. Dies brachte jedoch hier und da Schwierigkeiten bei der weiteren terminlichen Planung der Dreharbeiten mit sich. Bei einem Projekt gelang es nach dem ersten Drehtag nicht mehr, die komplette Gruppe noch einmal zusammen zu bringen, so dass der Film unvollendet blieb. Die übrigen vier Gruppen setzten ihre Projekte jedoch in mehrtägigen Produktionsblöcken um.

> „Und nun: Die Nachrichten..."
> Zitat aus „Future-News", Jungengruppe des Jugendtreffs Akku

Entstanden sind zwei Kurzspielfilme, eine fiktive Nachrichtensendung und ein Videoportrait. In dem Portrait stellen vier Besucher des SBZ Sendling sich selbst und ihre Berufswünsche vor und geben dabei auch gleich eine Kostprobe ihres Könnens als Fußballer, DJ, Tänzer oder Rennfahrer (siehe „Wunschträume" auf der DVD). In einem weiteren Beitrag informiert eine fiktive Nachrichtensendung über wissenschaftliche Errungenschaften in der ferneren Zukunft. Ein Kurzspielfilm erzählt in Rückblenden den überraschenden Werdegang eines jungen Schulverweigerers (siehe „Jamal – what's up" auf der DVD), ein anderer erzählt eine Liebesgeschichte, die in einer Dance-Battle kulminiert.

Das bei Jungen gemeinhin als ausgeprägt vermutete Interesse an der Video*technik* bildete nur bei einzelnen Jungen die Haupt-Motivation zur Teilnahme an dem Projekt. Im Allgemeinen stand auch bei den Jungen das Interesse an filmischem Erzählen, an gemeinsamen Aktivitäten und am Schauspielern im Vordergrund. Nachdem in allen Gruppen bereits vorab mehr oder weniger detaillierte Ideensammlungen stattgefunden hatten, gestaltete sich die Entwicklung eines Drehbuchs zunächst als recht schwierig, da konzentriertes Arbeiten nur über sehr kurze Zeitabschnitte möglich war. Statt sich zunächst in dramaturgische Feinarbeit zu stürzen, drängten die Jungen darauf, „endlich loszulegen" und mit dem Dreh zu beginnen. Nur mit Hilfe der Sozialpädagogen vor Ort gelang es, die wichtigen Planungs- und Vorbereitungsphasen zumindest auf minimalem Niveau durchzuführen. Bald stellte sich heraus, dass es insbesondere die einzelnen Rollen und Figuren der Filmgeschichte waren, die für die Jungen einen greifbaren Ausgangspunkt bildeten. Gerade durch die Weiterentwicklung dieser Figuren gelang es, auch die Filmgeschichte weiter zu entwickeln. So bot die Entwicklung der Filmgeschichte immer wieder auch Anlass zu weiterführenden Gesprächen, z.B. über Ängste der Jungen bestimmte Rollen bzw. Szenen zu spielen. Die Idee, den Film als reines Jungenprojekt anzugehen, erschien den meisten Jungen eher befremdlich und so wurden in drei der fünf Projekte Mädchen als Darstellerinnen mit in die Gruppe geholt, nachdem die Grundrisse der Geschichten feststanden. Die Zusammenarbeit verlief reibungslos, da die Mädchen ohnehin eher von den Jungen zur Teilnahme überredet wurden und wenig Ambitionen hatten, sich in andere Belange einzuklinken.
Schließlich bildete sich ein Arbeitsrhythmus heraus, der stark von Improvisation geprägt war. Zu Beginn eines jeden Projekttages – und bei Bedarf auch zwischendurch - traf sich die Gruppe zur Lagebesprechung. Hier wurde am Flipchart die Story weiter entwickelt, die einzelnen Filmcharaktere und Rollen herausgearbeitet und szenische Gestaltungsvorschläge gesammelt. Nach jeweils ca. 30minütigen Arbeitsphasen ging es dann mit wechselnden Rollen an den Dreh einer Szene. Die Technikeinführungen erhielten die Jungen jeweils bei den Dreharbeiten. Währenddessen hatten der

jeweilige Regisseur und die Darsteller Gelegenheit, den genauen Ablauf der Szene improvisatorisch zu entwickeln.
Die Jugendlichen lernten schnell, wie die verschiedenen Tätigkeiten beim Dreh ineinander greifen. So gestalteten sich die Dreharbeiten im Ablauf immer reibungsloser. Dabei waren die Filmcrews immer umgeben von mehr oder weniger vielen Jugendlichen, die ‚nur mal reinschnuppern' wollten und entsprechend schnell wieder ausstiegen. Bei denen, die von Anfang an kontinuierlich dabei waren, wuchs die Identifikation mit dem Projekt mit jedem Drehtag.

Der Schnitt verlief grundsätzlich ähnlich, wie bei den Mädchengruppen. Allerdings kamen bei den Jungs seltener reflektierende Diskussionen auf. Ein Grund mag darin liegen, dass sich die Jungen weniger Zeit für die Entwicklung ihrer Geschichte genommen haben und das Ergebnis des Filmdrehs somit von vorne herein offener war. Eine detaillierte Vorstellung, wie der fertige Film aussehen sollte, war bei den Jungen nicht so stark ausgeprägt und so wurde beim Schnitt viel Energie darauf verwendet, Special Effects auszuprobieren und die passende musikalische Untermalung zu kreieren. Die Identifikation mit dem Produkt konzentrierte sich hier stark auf die ästhetische Ebene.

■ Schlussfolgerungen aus dem Projekt

Angesichts der mitunter stark voneinander abweichenden Herangehensweisen von Mädchen und Jungen scheint der geschlechtsspezifische Ansatz von 15/03 und 15/04 durchaus angemessen. Als verknüpfendes Element ist in diesem Zusammenhang die gemeinsame Premiere aller Filme hervorzuheben. Mädchen und Jungen konnten ihre unterschiedlichen Sichtweisen zum Thema Zukunft in Form eines Films präsentieren. Die allen Jugendlichen gemeinsame Erfahrung einer gelungenen Filmproduktion sorgte dabei für die nötige Aufmerksamkeit, auch und gerade für die Produkte und Standpunkte der ‚anderen'. Ein Projekt von solcher Komplexität ist neben medienpädagogischer Kompetenz in besonderer Weise auf die Unterstützung durch die Pädagogen und Pädagoginnen vor Ort angewiesen: Sie kennen die Gruppen, können bei Störungen eingreifen, die Inhalte auch zwischen den einzelnen Terminen weiter diskutieren und in Erinnerung halten, die Verbindlichkeit bei Terminabsprachen herstellen, räumliche wie terminliche Schwierigkeiten minimieren und nicht zuletzt auch ein schönes Ambiente für die Dreharbeiten schaffen. Die Medienpädagogen und Medienpädagoginnen können sich so auf die Vermittlung filmisch-gestalterischer und technischer Aspekte konzentrieren.

Ein Zusammenspiel der Fachkräfte ist für beide Seiten fruchtbar, das Projekt kann professioneller durchgeführt werden und für die Pädagogen und Pädagoginnen vor Ort eröffnen sich neue Zugänge zu Themen, die sie mit den Jugendlichen weiter bearbeiten können.

Inhaltlich betrachtet, zeigen die Filme eher konventionelle Interpretationen von Geschlechterrollen, die vor allem an die bekannten Vorbilder aus Film und Fernsehen anknüpfen. Was in einzelnen Prozessphasen an Reflexion und Denkanstößen passierte, wurde von Seiten der Jugendlichen oftmals zugunsten einer klassisch-dramaturgischen Auflösung der Filmgeschichte fallen gelassen. Gleichwohl bieten diese Diskussionen wichtige Anknüpfungspunkte für eine weitere Auseinandersetzung mit vermeintlich geschlechtsspezifischen Rollenvorgaben und Verhaltensweisen. Für einige Jugendliche gab das Projekt den Anstoß, weiter über eigene Filmprojekte nachzudenken. Aus diesem Grund sind Folgeprojekte geplant, die – in einem weiteren zeitlichen Rahmen – den Jugendlichen die Möglichkeit geben, tiefer in die Thematik einzusteigen.

Ulrike Schmidt

Geschlechtsbezogene Medienarbeit in der Schule am Beispiel von LizzyNet

Ein Leben ohne Medien ist heutzutage nicht mehr vorstellbar. In nahezu allen Berufsfeldern haben sich die so genannten neuen Informations- und Kommunikationstechnologien etabliert und werden von Unternehmen, Betrieben und Institutionen mit großer Selbstverständlichkeit genutzt. Der Gebrauch von Computer und Internet in Freizeit, Schule, Beruf ist weiterhin steigend. Mittlerweile surfen über 50% der männlichen und ca. 40 % der weiblichen Bevölkerung in Deutschland im Internet.

Zunächst waren es die Jungen, die den Computer und das Internet für sich entdeckten, während die Mehrzahl der Mädchen dem Medium eher skeptisch bzw. abwartend gegenüber stand. Mittlerweile sind – was die Nutzungshäufigkeit betrifft – nur noch geringe geschlechtsspezifische Unterschiede auszumachen.[1] Differenzen bestehen jedoch weiterhin hinsichtlich der Nutzungsweise: Jungen spielen häufig Computerspiele und hören Musik bzw. laden sich Musik, Spiele, Software etc. aus dem Internet auf ihren PC herunter. Bei den Mädchen steht in der Regel die Kommunikation im Netz (Chatten und E-Mail schreiben) ganz oben, gefolgt von der Informationsrecherche für Schule und Freizeit und dem Schreiben von Texten für das WWW.[2]

Diese geschlechtsspezifisch unterschiedliche Umgangsweise mit Computer und Internet schlägt sich auch in der Ausbildungs-, Berufs- und Studienwahl nieder. In den neuen Ausbildungsberufen der IT-Branche und damit auch in den aussichtsreichen IT-Berufen sind junge Frauen selten anzutreffen; das Gleiche gilt für den Studiengang Informatik. Für die zielgerichtete Vermittlung von Kenntnissen über die qualitative Nutzung der neuen Technologien bietet der Lernort Schule Ansatzpunkte und Möglichkeiten. Ein Blick in den Schulalltag zeigt jedoch, dass entsprechende Aktionen und Projekte rund um die Förderung von Medienkompetenz unter gleichzeitiger Berücksichtigung geschlechtsspezifischer Unterschiede im Lernverhalten und in der Herangehensweise an Computer und Internet kaum verortet sind.

LizzyNet – die Online-Plattform für Mädchen und junge Frauen von Schulen ans Netz e. V. – setzt genau an der Schnittstelle zwischen Schule und Freizeit an. Aufgrund des in der Schule herrschenden Primats des koedukativen Unterrichts findet eine Nutzung von LizzyNet in der Regel in speziellen Angeboten wie z. B. Mädchen-AGs, Workshops und an Projekttagen statt und bildet somit eine Brücke zur außerschulischen Jugendbildung bzw. zum Selbstlernen. Im Folgenden wird das allgemeine Angebot von LizzyNet sowie zwei Beispiele aus der Praxis: *„LizzyNet in der Schule – Berufsorientierung im Internet für Mädchen"* und die *„LizzyNet LAN-Party"* vorgestellt.

---

1 Vgl. JIM 2004: 92% der Mädchen und 95% der Jungen der Altersgruppe 12 bis 19 Jahre nutzen einmal im Monat den Computer. Vergleicht man allerdings die tägliche Nutzung so verschiebt sich das Bild: 64% Mädchen stehen 78% der Jungen gegenüber.
2 Vgl. JIM 2003

■ LizzyNet - die Selbstlernplattform für Mädchen im Netz

LizzyNet bietet eine speziell auf Mädchen abgestimmte Selbstlernmöglichkeit für die eigene Netzgestaltung an. Anknüpfend an das oben beschriebene Kommunikationsbedürfnis der Mädchen werden ihnen verschiedene Kommunikationsmöglichkeiten (z. B. E-Mail, Chat, Foren) offeriert. Einen wichtigen Stellenwert nehmen darüber hinaus die Möglichkeiten der Selbstdarstellungen im Netz – in Form einer eigenen Homepage und die Präsentation von eigenen Texten auf LizzyNet – ein. Hilfe zur Selbsthilfe in Bezug auf die eigene Netzgestaltung bieten ferner diverse Materialien und Kurse.

Die Webplattform wird finanziert aus Mitteln des Bundesministeriums für Bildung und Forschung und ist daher werbe- und kostenfrei nutzbar. Diese Informations-, Kommunikations-, Kooperations- und Lernplattform für Mädchen und junge Frauen ab 12 Jahren wird redaktionell und medienpädagogisch betreut.

Mittlerweile zählt die virtuelle Mädchengemeinschaft über 58.000 Mitglieder und jeden Tag kommen ca. 70 bis 100 neue hinzu. Die virtuelle Gemeinschaft findet bei den Lizzys – so heißen die angemeldeten Mitglieder – einen großen Zuspruch und unterstreicht die Wichtigkeit und Bedeutung von Erlebnisräumen für Mädchen, in denen sie sich ohne Jungs austauschen können. Die Berücksichtigung des geschlechtersensiblen Lernens und Handelns ist Grundlage des politischen Konzepts des Gender Mainstreaming. Von daher sind eigene (virtuelle) Räume für Mädchen, in denen sich ausprobieren und sich ihrer Stärken bewusst werden können, unbedingt notwendig. O-

Ton einer Lizzy: „Ich finde es sinnvoll, wenn LizzyNet männerfrei bleibt! Schaut doch mal auf andere Seiten, wo es Foren gibt, wo Männlein und Weiblein diskutieren, da fällt es einem auf, dass oft nur oberflächlich über irgendwelche Ereignisse diskutiert wird! Auf LizzyNet fällt das den Mädchen leichter, über sehr persönliche Dinge zu reden, weil keine Jungs da sind, die eine blöd anmachen könnten!"

Das Angebot gliedert sich in die drei (auch farblich) klar voneinander abgegrenzte Bereiche: *magazine* (=Informationsbereich), *community* (=Kommunikationsbereich) und *knowhow* (=Lernbereich).

magazine
Das *magazine* ist für alle Besucherinnen frei zugänglich, d. h. eine Anmeldung ist nicht erforderlich. Die breite Palette von aktuellen Informationen reicht dabei von Bereichen wie „Schule & Beruf", „Forschung & Wissen", „Körper & Geist", „Politik & Leben" bis hin zu „Kult und Kultur" und „Netz & Multimedia". Mitmachaktionen wie Homepage-Wettbewerbe, Umfragen zu den verschiedensten Themen oder Berichte von „Offline"-LizzyNet-Aktivitäten wie z. B. den Schnupperstipendien und der Lizzy-LAN-Party sind unter „Aktionen & Events" zu finden. In „LizzyShow" werden die selbstgebauten Homepages der Mädchen präsentiert. Die vielfältigen Artikel der Lizzys wie Buchbesprechungen, Veranstaltungsberichte, Meinungen etc. können in der Online-Zeitung „Lizzy-Press" gelesen werden. Das *magazine* ist das Informations- und Präsentations-Fenster von LizzyNet nach außen.

community
Der Kommunikationsbereich oder auch *community* genannt ist ausschließlich den angemeldeten Lizzys vorbehalten. Mit der Anmeldung erhält jede eine kostenlose E-Mail-Adresse, Webspace für eine eigene Homepage und vielfältige Möglichkeiten der Netznutzung und –gestaltung. Mit dem Homepage-Generator können Lizzys sich in fünf Minuten eine „virtuelle Visitenkarte" einrichten oder auch mehrseitige Internetseiten bauen. Sie können sich an Chats und Diskussionsforen zu allen für Mädchen wichtigen Themen beteiligen von „Computer & Netz" über „Familie" und „Politik & Umwelt" bis zu speziellen Themen wie „Mangas & Comics". Mit Gleichgesinnten können sie darüber hinaus zu allen Themen, die sie bewegen, eigene Clubs gründen. Ein LizzyClub ist eine Art virtueller Privatraum, in dem es einen Chat, ein Forum und einen Ort zum Datei-Austausch gibt. Es gibt mittlerweile über 70 Clubs, die von Lizzys selber administriert und inhaltlich betreut werden. Die *community* ist das Herz von LizzyNet. Hier werden Kontakte geknüpft, Probleme beredet, Fragen gestellt und individuelle inhaltliche Schwerpunkte formuliert.

knowhow
Der Bereich *knowhow* dient zur Vertiefung des Wissens rund um das Thema der Nutzung neuer Medien. *knowhow* ist wie die *community* im internen Bereich angesiedelt und ebenfalls über die kostenlose Anmeldung erreichbar. Hier können die Mädchen z. B. einen Selbstlern- Onlinekurs zur HTML-Programmierung oder zur Online-Recherche machen, lernen wie sie Bilder bearbeiten oder unbekannte Begriffe im Technik ABC nachschlagen. Die Kurse sind kostenfrei und so aufgebaut, dass man den Inhalt sowohl in Gruppen als auch als Einzelperson im eigenen Tempo durcharbeiten kann. Ferner finden die Mädchen hier nützliche Anleitungen und Tipps zu unterschiedlichen Themen wie z. B. zum Verfassen eigener Buchbesprechungen, zum erfolgreichen Präsentieren oder Tipps zum Homepage-Bau. Der Bereich *knowhow* ist die Selbstlernplattform für einzelne Lizzys und Gruppen.

■ Praxisbeispiel 1 im Rahmen des Wahlpflichtunterrichts an Haupt- und Gesamtschulen:
„LizzyNet in der Schule – Berufsorientierung im Internet für Mädchen"

Insbesondere Mädchen aus Haupt- und Gesamtschulen besitzen seltener einen eigenen Computer und haben häufig nicht die Möglichkeit, Angebote im Netz regelmäßig und intensiv zu nutzen, wie gleichaltrige Schülerinnen anderer Schulformen.[3] Ziel des Projektes „LizzyNet in der Schule" ist es, die Entwicklung von Medienkompetenz mit einem weiteren wichtigen Thema zu verbinden, dem der beruflichen Orientierung. Mädchen und junge Frauen setzen sich mit ihren beruflichen Perspektiven praktisch auseinander und das mit Unterstützung attraktiver Werkzeuge - dem Computer und dem Internet. Als Ergebnis ihres Lernprozesses entsteht eine gemeinsame Homepage.

„LizzyNet in der Schule" richtet sich speziell an Haupt- und Gesamtschülerinnen ab Klasse 8 und eignet sich vor allem für den Einsatz im Rahmen des Wahlpflichtunterrichts. Das Projekt basiert auf LizzyNet und LeaNet, der Onlineplattform für Frauen in Schule und Bildung von Schulen ans Netz e. V. Neben den Schülerinnen richtet sich das Projekt auch an Lehrkräfte und Schulleitungen um für den geschlechtsspezifischen Umgang mit den neuen Medien zu sensibilisieren.

---

3 vgl. JIM 2003 und 2004. Die Datenlage lässt leider einige Fragen offen, deshalb würde ich mir eine qualitative Untersuchung wünschen, die diesen Aspekt einmal genauer beleuchtet.

Das Projekt basiert auf einer handlungsorientierten Methodik, d. h. alles wird selbst ausprobiert und das Gelernte kreativ umgesetzt. Spaß am Entdecken und Ausprobieren sind dabei wichtige Voraussetzungen für die Erarbeitung und Festigung fundierten Wissens.

Folgende Themen sind u. a. Inhalt des Unterrichtens:

❏ Theoretisches und praktisches Internetgrundwissen
❏ Handhabung eines Webmail-Accounts (E-Mail)
❏ Erstellung einer elektronischen Visitenkarte
❏ Nutzung einer Online-Lerngruppe (Forum, Dateiaustausch)
❏ einfache Bearbeitung und Anpassung von Bildern
❏ Internetrecherche (Suchmaschinen, Suchstrategien)
❏ Homepagebau mit dem LizzyNet Homepage-Generator

Zur Erprobung des Unterrichtskonzepts wurde „LizzyNet in der Schule – Berufswahlorientierung im Internet für Mädchen" im Schulhalbjahr 2003/04 als Pilotprojekt an zwei Partnerhauptschulen durchgeführt. Die Kursergebnisse aus der Pilotphase können eingesehen werden unter: http://www.lizzynet.de/home/jobs4you/ und http://www.lizzynet.de/home/girlsimpraktikum/.

Die positiven Erfahrungen haben gezeigt, dass das Konzept tragfähig ist und vielseitiges Potenzial bezüglich der Schnittstelle Mädchenarbeit, Vermittlung von Medienkompetenzen und dem Thema Berufswahlorientierung besitzt. Einen Überblick bietet die Broschüre „LizzyNet in der Schule - Berufsorientierung im Internet für Mädchen".[4]

■ Praxisbeispiel 2 im Rahmen einer Aktion außerhalb des Unterrichts: „LizzyNet LAN-Party für Mädchen"

Computerspiele, genauer gesagt Computerspiele, die in einem Netzwerk verschiedener Computer miteinander gespielt werden, stoßen bei Mädchen bisher auf geringes Interesse.[5] Kein Wunder also, das LAN-Partys (LAN=Local Area Network) oder vernetzte Computerspielnächte in der Regel reine Jungen-Veranstaltungen sind, an denen Mädchen nur vereinzelt, und dann meist als Zuschauerinnen, teilnehmen. Dabei lernt man im Spiel und bei der Vorbereitung viel über den Umgang mit Computern und Netzwerken. Deshalb initiierte LizzyNet am 21. September 2002 eine bundesweite und am 8. Oktober 2004 eine NRW-weite LAN-Party speziell für Mädchen.

Das Konzept war bei beiden Veranstaltungen ähnlich: Verteilt auf acht verschiedene Städte-Standorte (Schulen und Jugendeinrichtungen) spielten die Mädchen an lokal vernetzten Computern interaktiv und miteinander. Nach einem Workshop, der einen kleinen Einblick in die Netzwerktechnik bzw. das Innenleben eines Computers vermittelte, gab es eine Einführung in das Spiel und dann wurde im Einzel- und Mehrspielerinnenmodus bis zum Ende der Party gespielt. 2002 erprobten die Mädchen am Beispiel von „Zanzarah" – ein Abenteuer-Spiel, in dem ein Mädchen namens Amy so

---

4 Die Broschüre, das Konzept und die Materialien können kostenfrei unter info@lizzynet.de angefordert werden.
5 Zum Weiterlesen: Ulrike Schmidt: Im Reich der Feen und Kobolde – LAN-Party für Mädchen. In: medien + erziehung 03/ 2004 , S. 30ff . Eine Anleitung für die Organisation einer LAN-Party bietet die Handreichung von Schulen ans Netz: LAN-Party an Schulen zu beziehen unter: http://www.schulen-ans-netz.de/service/publikationen/index.php

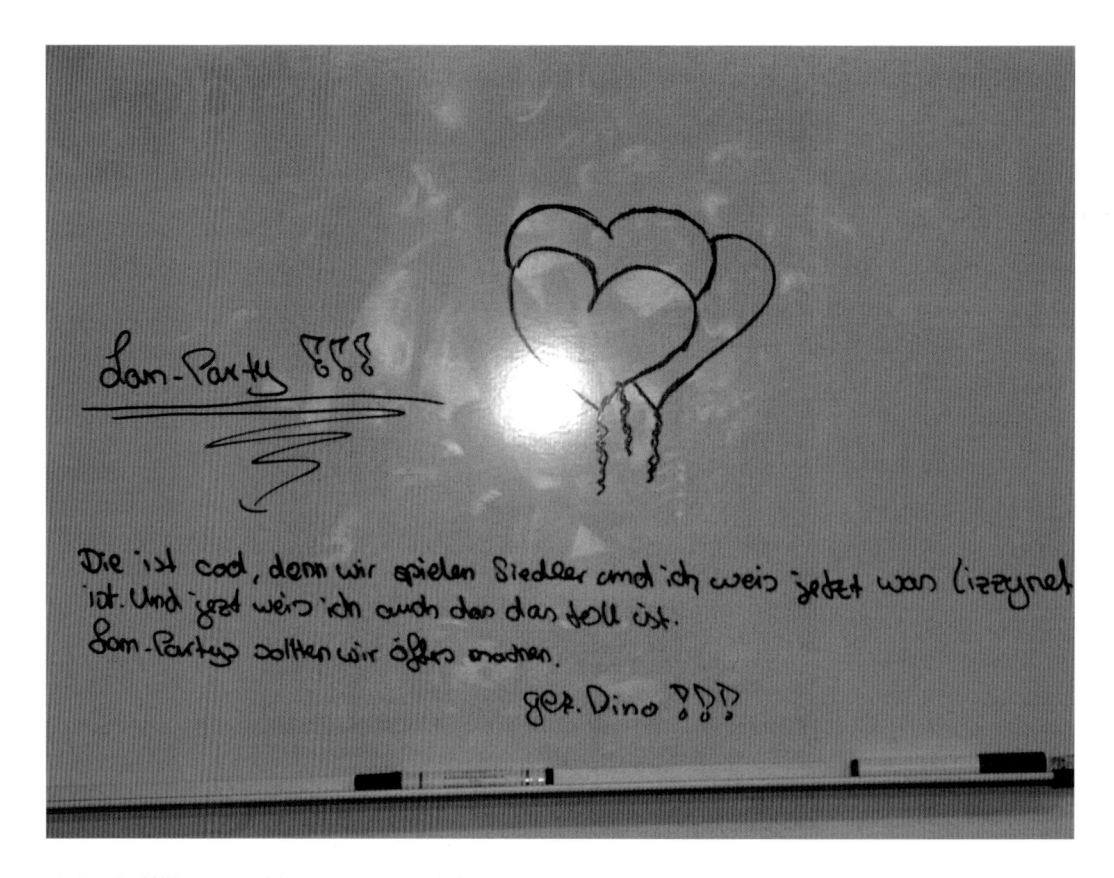

einige knifflige Rätsel lösen muss – spielerisch den Umgang mit dem Computer. Im Jahr 2004 waren strategische Fähigkeiten beim Spiel „Siedler 4" gefragt. Auch die LizzyNet-Plattform wurde dabei als weiteres Austauschmedium genutzt. Hier traf man sich mit den anderen Städteteams zum Chatten. Gleichzeitig lief ein kleiner Foto- und Texte- bzw. Rap-Wettbewerb, an dessen Ende die Prämierung des witzigsten, coolsten Teams stand. Neben dem Spiel wurden also noch Fotos gemacht und bearbeitet, sowie fleißig Texte geschrieben, die sogleich auf der LizzyNet-Plattform veröffentlicht wurden. Um 22 Uhr fand die virtuelle Siegerehrung statt. (Weitere Informationen und Bilder im Netz: http://www.lizzynet.de/dyn/72544.asp)

Die LAN-Partys waren ein voller Erfolg! Die Skepsis, ob Mädchen Spaß am Spielen und an Netzwerktechnik haben, wurde von der Begeisterung der Teilnehmerinnen weggefegt. Die Praxis hat es gezeigt: Es kommt auf den richtigen Rahmen der Gesamtveranstaltung an. Die Mischung aus Lernen, Computerspiel, Chat und Wettbewerb ist hier das Erfolgsrezept, denn diese kommt den kommunikativen Interessen von Mädchen sehr entgegen.

Es gibt vielfältige Möglichkeiten geschlechtsbezogene Medienarbeit in der Schule umzusetzen, an dieser Stelle konnten zwei erfolgreiche Projekte exemplarisch dargestellt werden. Speziell im Rahmen des Ausbaus von Ganztagsschulen werden sich zukünftig gute Chancen für eine Weiterentwicklung der Medienerziehung unter der Berücksichtigung geschlechtergerechter Didaktik in der Schule bieten.

Jens Wiemken

HARDLINER
Eine pädagogische Handlungsmöglichkeit im Umgang mit Gewaltspielen in der Arbeit mit Jungen

Die dargestellte und ausgeübte Gewaltdarstellung und -verherrlichung in Bildschirmspielen galt in der medienpädagogischen Diskussion Mitte der 80iger Jahre als ein Stein des Anstoßes, Bildschirmspiele als nicht kind- und jugendgerecht einzustufen. Auch heute noch herrscht das damals geprägte Vorurteil „Computerspiele machen aggressiv" in den Köpfen der meisten Pädagogen/Pädagoginnen vor. Die Medienwirkungsforschung widerspricht sich allerdings in ihren Ergebnissen immer wieder selbst, so dass sich hinsichtlich einer Aggressivitäts-These keine endgültigen Aussagen machen lassen.

Unserer Meinung nach besteht daher ein dringender Bedarf an praktischer pädagogischer Auseinandersetzung mit Computerspielen, welche die Interessen von bildschirmspielenden Kindern und Jugendlichen aufgreift und nutzt. Die Pädagogik verkennt die Möglichkeiten, die Bildschirmspiele bieten, um Beziehungen zu Kindern und Jugendlichen aufzubauen und Bildschirmspielerlebnisse z.B. als Gesprächsanlässe zu Themen wie Gewalt in der Jungenarbeit zu nutzen.

Kinder und Jugendlichen leben in einer Umwelt, in welcher Aggression, Egoismus, Neid und Konkurrenzdruck ganz alltäglich sind. Nahezu alle Kinder erleben somit in ihrem unmittelbaren Erfahrungsbereich verschiedenste Formen von Gewalt. In diesem Sinne sieht der „Hardliner"-Ansatz die Beschäftigung von Jungen mit Gewaltspielen nicht als eine Ursache von Aggression und Gewalt an, sondern eher als ein Symptom – als ein Versuch Probleme mit und Fragestellungen zu Gewalt in unserer Gesellschaft zu bearbeiten.

Der „Hardliner"-Ansatz eignet sich für die Arbeit zum Thema Gewaltprävention mit außerschulischen Gruppen und als Idee für Projektwochen und Bildungsfahrten für Schulklassen.[1] Der Ansatz kommt Rölls Forderung an die Medienpädagogik , „[...] Bedingungen zur Verfügung zu stellen (Räumlichkeiten, Projektzusammenhänge, aber auch Navigationshilfen) sowie Bezüge zwischen den mythischen und symbolischen Kontexten der Medien und den aktuellen gesellschaftlichen Lern- und Problemzusammenhängen herzustellen." (Röll 1998, S. 418) Die Konzentration liegt im Gegensatz zum „Breaking the Rules"-Ansatz[2] auf die Umsetzung von gewaltverherrlichenden Bildschirmspielen.

---

1   Er sollte allerdings nicht von ungeschulten Lehrer/Lehrerinnenn und Pädagogen/Pädagoginnen durchgeführt werden Sollte der Wunsch nach Fortbildung oder einem Projekt mit Jugendlichen oder Schulklassen bestehen, wenden Sie sich bitte direkt an uns: www.diepaedagogen.de
2   Ausführliches zum „Breaking the Rules"-Ansatz legte ich in meinen Beiträgen in „Computerspiele: Markt und Pädagogik" (Maaß 1996) und in „Handbuch Medien: Computerspiele" (Fritz/Fehr 1997) dar.

Aufgrund der Kenntnisse der Jungen über die Erwachsenenwelt[3] erscheint es uns als paradox, so zu tun, als ob es Krieg und Kampf nicht gibt. Die Akzeptanz der Tatsache, dass Jungen Bildschirmspiele mit Gewaltinhalten aufgrund einer Annahme und Imitation der Erwachsenenwelt spielen, ermöglicht andere Gespräch mit ihnen über solche Spiele. Anstatt den bewahrpädagogischen Zeigefinger zu heben, reden wir mit ihnen über die Gewaltspiele, die sie spielen. Aufgrund ihrer Spielvorlieben werden sie nicht „kriminalisiert" oder etikettiert. Die Berücksichtigung der Spielvorlieben und damit eine Annäherung an die Alltagswelt der Jungen befolgt unseres Erachtens die wichtige pädagogische Leitprämisse „Kinder und Jugendliche dort abzuholen, wo sie sich befinden."

Ein fester Programmpunkt im Hardliner-Angebot ist das gemeinsame Spiel am Computer und an Konsolen. Zumindest einen Vormittag lang spielt die Gruppe oder Klasse von uns ausgesuchte Spiele. Dabei spielen wir auch Spiele, die gewaltverherrlichend sind, aber nicht auf dem Index der deutschen Bundesprüfstelle für jugendgefährdende Schriften stehen. Aufgrund der Spielkenntnisse der Jungen und des gemeinschaftlichen Spiels analysieren wir gemeinsam mit den TeilnehmerInnen die Spiele. Die einzelnen Spielelemente wie Waffen, Blut oder Soldaten oder die brutalen Merkmale (explodieren, erschießen usw.) werden benannt und auf ihre Umsetzbarkeit in die Wirklichkeit hin überprüft. Bald finden TeilnehmerInnen heraus, dass diese Spiele in ihrer Dynamik einem „Räuber-und-Gendarm-Spiel" gleichen. Der Reiz ist es, einen Spielpartner zu suchen, ihn zu jagen und ihn überraschend zu stellen. Dieses Spielmuster durchzieht sehr viele bekannte Kinderspiele und Bewegungsspiele.

Taktik-Shooter (Counter-Strike), Echtzeitstrategie im Mittelalter (Age of Empires 2) und im 2. Weltkrieg (Sudden Strike) befolgen das Muster „kämpfen und sammeln".

Der Kampf „gut gegen böse", die Bildschirmspiele als Überlieferung von Mythen und die Umsetzung gesellschaftlicher Grundmuster sind Themen, welches wir in Kriegsspiele umsetzen. Hinter dem Spielmuster „kämpfen und sammeln" aus den Ego-Shootern und Echtzeitstrategiespielen lassen sich Handlungsmuster vermuten, die zum Grundbestand menschlichen Verhaltens gehören und die bei unseren

---

3 Längst gibt es den Kinder- und Jugendschutzraum nicht mehr. Spätestens die Medien gewähren Kindern und Jugendlichen Einblick in die „bösen" bzw. „schlimmen" Seiten der Erwachsenenwelt.

menschlichen Vorfahren zum Überleben notwendig waren und in Form von Mythen weitergegeben worden sind. Zwar jagen und sammeln wir nicht mehr wie unsere Vorfahren, gleichwohl bestimmt dieses Muster zahlreiche Verhaltensweisen in unserer Gesellschaft.[4] Im Mittelpunkt von Echtzeitstrategiespielen stehen neben der „Erledigung" (der zahlreichen Feinde) die „Verbreiterung" (des eigenen Macht- und Herrschaftsbereichs), die „Bereicherung" (mit Wirtschaftsgütern und Geldmitteln) und die „Armierung" (also die Verstärkung der militärischen Machtmittel in Hinblick auf Anzahl und Wirksamkeit). Eingebunden sind diese Muster in eine generelle Bewährungssituation, die angeordneten Missionen erfolgreich zu absolvieren. Nur durch die „Bewährung" erfolgen Belobigungen, Beförderungen und neue, noch schwerer zu erfüllende Aufträge. Die Spieldynamik „bildet Grundstrukturen und Muster gesellschaftlichen Handelns ab" (Fehr/Fritz o.J.).[5] Davon ausgehend erstellen wir als Spielleiter eine Grundstory. Wir konstruieren Extrem-Situationen, in denen solche Grundmuster wie „kämpfen und sammeln" als existentiell gelten.

Besondere Bedeutung bekommen Erwachsene dadurch, dass sie Raum (in unserem Fall Schulen oder Gelände) schaffen und nach außen absichern können. Dieser Raum wird von den Kindern und Jugendlichen als ungestört begehbarer und erfahrbarer „Mythen-Raum" benötigt.[6] Er stellt eine Zwischenstufe zwischen dem alltäglich erlebten realen und dem im Bildschirmspiel gelebten virtuellen Raum dar. Innerhalb dieses Raumes ist Platz für Heldentaten, Mutproben und Extreme, welche von den TeilnehmerInnen nicht gleich als lebensbedrohlich empfunden werden. Extrem-Situationen wie Hunger, Kälte oder Dunkelheit öffnen die TeilnehmerInnen für neue Erfahrungen und für Gefühle. Die Spielbedingungen

Hardliner – schießen, fliehen, Action

werden von uns gemeinsam mit den TeilnehmerInnen durchgesprochen und schriftlich in einem Kriegsvertrag festgehalten. TeilnehmerInnen beschließen z.B., dass es in „ihrem Krieg" erlaubt ist, nachts anderen, „feindlichen" Gruppen Feuerholz oder das mitgebrachte Essen zu klauen.

---

4   An dieser Stelle soll es reichen auf die Wiederbelebung von Rabattmarken durch die „webmiles" zu verweisen oder auf den Aktienboom der letzten Jahre.
5   Bei diesem gesellschaftlichen Handeln dreht es sich um patriarchalische Handlungsmuster und -ziele. Fritz verweist an anderer Stelle auf die Grundmuster „Macht und Kontrolle", welche patriarchalische sind und sich schlüssig aus dem von uns erwähnten gewinnorientierten „Kämpfen und Sammeln" ergeben.
6   Wir kommen damit der Forderung von Theunert nach, dass der Medienpädagoge Räume zu gestalten hat, „die nicht nur das praktische Umgehen mit den medialen Möglichkeiten, sondern auch soziale Interaktion erlauben" (Theunert 1996).

Bei der Vorbereitung und dem Erstellen des Kriegsvertrages für das Schul- oder Geländespiel versuchen wir in Gesprächsrunden den TeilnehmerInnen die Ängste vor Auseinandersetzungen zu nehmen. Die Waffen, welche die TeilnehmerInnen benutzen, sind abgesägte Luftpumpen mit Korken. Diese „Schusswaffen" eignen sich besser für unser Spiel als die in den sogenannten „Gotcha"-Spielen gebrauchten Pistolen. Die Luftpumpen schießen wesentlich ungenauer und sind daher nicht auf Entfernung wie die „Gotcha"-Waffen zu gebrauchen. Das bedeutet, dass man näher an den „Feind" heran muss. Außerdem tun sie nicht so „weh", wie einige TeilnehmerInnen, welche schon über „Gotcha"-Erfahrung verfügten, uns verrieten. Die einzig gefährdete Stelle, die Augen, wird durch eine Schutzbrille geschützt. Bevor wir mit der Gruppe an den Platz des Spielgeschehens aufbrechen, werden die TeilnehmerInnen von uns je einmal von vorn und von hinten mit einer Luftpumpe abgeschossen, damit sie merken, wie sich ein Korkentreffer anfühlt und nicht mehr so viel Angst davor haben müssen. Als zweite Möglichkeit neben den Luftpumpen ist der Nahkampf möglich. Auch hier besprechen und testen wir mit den TeilnehmerInnen gemeinsam, was erlaubt ist. Kommt beispielsweise der Wunsch auf, dass Schlagen erlaubt sein soll, geben wir die Frage in die Runde. Sobald einer der TeilnehmerInnen Angst davor äußert geschlagen zu werden, verbieten wir das Schlagen in dem Spiel. Diese Herangehensweise erlaubt es den TeilnehmerInnen ohne Angst vor Schmerzen an dem Spiel und an Kämpfen teilzunehmen.

Das „Hardliner-Konzept" versucht so bei Computerspielern die begrenzten sinnlichen Erfahrung durch authentische Erlebnisse auszugleichen, welche das Spielen mit dem Computer begleiten. Die maschinenbasierte Interaktion mit dem Computerspiel geht nicht auf subjektive Bedeutungen,

Wertungen und erfahrungsbezogene Orientierungen ein, zudem liegen auf Seiten des Computers dem Spiel mit computergesteuerten Mit- oder Gegenspielern auch keine Bedürfnisse, Motive oder Wertungen zugrunde. Nach Dittler/Mandl kann dies „beim Spieler zu einer falschen Vorstellung von Realität und unangemessenem sozialem Verhalten führen". (Dittler/Mandl 1994).

Während des Spiels, welches zwischen drei und vierzehn Stunden dauert, bieten sich immer wieder Gesprächsmöglichkeiten mit den Spielern. Besonders bei Jungen bricht der „Gefühlspanzer" auf und es lassen sich immer wieder Inhalte wie beispielsweise Angst oder Verwundbarkeit ansprechen. An diesen Stellen beginnt oft mit offenen Gesprächen die situationsorientierte Arbeit, die den TeilnehmerInnen in ihrer speziellen Alltagswirklichkeit und ihrem täglichen Umgang mit Gewalt hilfreich sein kann.

An das Spiel schließt sich eine intensive Reflexion mit den TeilnehmerInnen an. Die Themen, die dort angesprochen werden, ergeben sich aus dem Spiel. Warum hat es gerade dieses Team geschafft die Missionen zu erfüllen? Machen Jungen und Mädchen unterschiedlich Krieg? Gibt es neben Kämpfer oder Krieger noch andere gesellschaftlichen Positionen für Jungen und Männer? War das Gewalt, was wir da gespielt haben? Für uns ist es wichtig, Jungen darauf aufmerksam zu machen und dahingehend zu stärken, dass sie Mythen und deren Botschaften hinterfragen. Wir wissen nicht, ob uns das immer gelingt.

Wir Pädagogen/Pädagoginnen können zudem in den Gesprächen mit den TeilnehmerInnen keine vollständigen Lösungen deren alltäglichen Gewalt-Konflikts anbieten, sondern erklären uns oft nur solidarisch mit ihnen. Denn auch wir als Erwachsene erleben unsere Ohnmacht gegenüber Gewalt im Alltag, lehnen diese ab, können sie aber auch nicht immer verhindern. Zumindest befanden wir Erwachsene uns während den Hardliner-Maßnahmen, vielleicht für einen Moment nur, auf der Ebene der Kinder und Jugendlichen. Und sie sich auf unserer. Wenn die Jungen die kurzzeitpädagogische Maßnahme nach ein paar Tagen verlassen, rüttelte die störende Wirklichkeit an ihren elektronisch gesättigten Bildern. Und sie kennen zumindest erwachsene Männer, die sich ebenso wie sie vor Schmerzen und Niederlagen ängstigen. Unverwundbarkeit macht keinen Spaß.

Weiterführendes Material zu „Breaking the Rules" und „Hardliner" steht zum Download unter www.diepaedagogen.de unter „wissenswertes", „material" bereit.

Literaturangaben

Dittler, Ulrich/ Mandl, Heinz (1990): Computerspiele unter pädagogisch-psychologischer Perspektive. In: J. Petersen /G.-B. Reinert. Ed. Lehren und Lernen im Umfeld der neuen Technologien - Reflexionen vor Ort. Frankfurt. S. 95-126

Fehr, W./Fritz, J. (o.J.): Zur Erprobung der Videospiele in Jugendeinrichtungen. In: Fachhochschule Köln, Fachbereich Sozialpädagogik/Jugendamt Köln. Ed. Pädagogische Beurteilungen von ausgewählten Videospielen. Köln

Röll, Franz Josef (1998): Mythen und Symbole in populären Medien. Frankfurt/Main

Theunert, Helga (1996): Multi-Medienpädagogik. In: merz 1/96. S.29

Klaus Schwarzer

Gender als Mainstream oder welche Farben haben die Gendernauts?
Bausteine einer genderorientierten Medienarbeit

Gender und Medien. Zwischen „damit haben wir uns ja schon immer beschäftigt" und „darüber gibt es eigentlich nicht sehr viel!" bewegt sich das Meinungsbild innerhalb der Fachszene, die sich mit dem Thema auseinandersetzt. In der Medienpädagogik ist das Thema Gender bisher noch nicht so recht durchgedrungen. Also ist es an der Zeit, sich damit einmal ausführlicher zu beschäftigen. Hier soll nun kein grundsätzlicher Diskurs geführt werden über Medienpädagogik und Medienkompetenz und alles was mit dem Themenbereich Gender zusammenhängt. Auch sollen keine Diskussionen über Konstruktion und Dekonstruktion von Geschlecht oder hegemoniale Strukturen aufgeworfen und auch keine Ansätze von Mädchen- und Jungenarbeit erläutert werden. Vielmehr soll hier zunächst Gendermainstreaming als strategischer Ansatz im Bereich der Jugendarbeit in seinen Grundzügen beschrieben werden. Anschließend wird der Verbindung von Gender und Medien nachgegangen und es werden Bausteine einer genderorientierten Medienarbeit entwickelt. Abschließend werden drei Praxisprojekte vorgestellt, die Perspektiven einer geschlechtsbewussten und -sensiblen Medienarbeit aufzeigen.

■ GenderMainstreaming in der Praxis der Jugendarbeit

GenderMainstreaming als strategischer Ansatz bedeutet, dass das hierarchische Verhältnis der beiden Geschlechter, die sozialen und kulturellen Geschlechterrollen und Rollenverteilungen grundsätzlich als veränderbar angesehen werden. Durch die Implementierung von GM in der Praxis der Jugendarbeit sollen Strukturen geschaffen werden, die herkömmliche Geschlechterrollen aufgreifen und Akzente setzen, die Chancengleichheit verwirklichen helfen. Im folgenden werden kurz einige Effekte umrissen, die mit GenderMainstreaming verbunden sind. Einige Aspekte lassen sich dabei durchaus auch auf die Medienarbeit übertragen.

- ❏ Die reflektierte Überprüfung des Umgangs mit Geschlecht, Persönlichkeit, Rollen, Funktionen, Aufgaben und Leistungen erweitert Handlungsspielräume.
- ❏ Werden beide Geschlechter von vornherein berücksichtigt, wird Mehrarbeit z.B. in Hinblick auf Einsprüche oder Bedenken vermieden und eine größere Passgenauigkeit der Dienstleistung bzw. eines Projektes, einer Maßnahme ermöglicht.
- ❏ Die „Passgenauigkeit" des Handelns schafft Möglichkeiten für einen wirkungsvolleren Einsatz von Haushaltsmitteln, Stundenkapazitäten, Personal.
- ❏ Nimmt die Leitung der Institution, des Trägers, des Projektes das Thema nachvollziehbar ernst, ermutigt sie zum Mitmachen und Reflektieren auf anderer Ebene.
- ❏ Das Vorwegnehmen der Geschlechterfrage reduziert potentielle spätere Konflikte, die in diesem Zusammenhang entstehen könnten.

❏ Die Genderfrage befördert Selbstbesinnung und Selbstreflexion über eigene und berufliche Strukturen, Rollen und Veränderungen und ermöglicht aktive partizipative Variationen im Umgang miteinander.
❏ Geschlechtsdifferenzierte Ansätze, Konzepte und Projektarbeit verstärkt kritische Reflektion über Wertigkeiten von Familie/Haushalt/Beruf/Arbeit.
❏ Benachteiligungen und Ungerechtigkeiten können für beide Geschlechter neu oder in anderen Zusammenhängen aufgezeigt und verändert werden.
❏ Mädchen/Frauen und Jungen/Männer nehmen bewusst ihre Verantwortung in Hinblick auf Geschlechtergerechtigkeit wahr;
❏ Mädchen/Frauen sind anders, Jungen/Männer auch.
❏ GM ist in der Personalpolitik und -entwicklung als wesentliches Element von „Managing Diversity"[1] unverzichtbar. Die Vielfältigkeit und Unterschiede von Beteiligten werden als Potentiale erkannt, diese werden gezielt und adäquat eingesetzt. Stereotype und traditionelle Orientierungen können dann (zumindest) als solche benannt und leichter variiert werden.

■ Gender und Medien

Die Verbindung der beiden Begriffe Gender und Medien fällt schwer und leicht zugleich, da sie tagtäglich in der Lebensumwelt auftaucht und diskutiert wird, aber auch gleichzeitig schwer zu fassen ist. Schönheitsoperationsshows, sexistische Werbung, Hiphop, Identitätswechsel in Chats fallen einem dabei ein und im Kontext aktiver Medienarbeit der Ruf nach Mädchen an den Computer und die Warnung vor den bösen Jungen und ihrem Egoshooting. Zunächst verdeutlicht der Begriff Gender, dass sich Geschlechterrollen im jeweiligen kulturellen Kontext entwickeln und das soziale Geschlecht permanent sozial – interaktiv hergestellt und inszeniert wird und von daher als doing gender[2] veränderbar ist. Genderkompetenz und Medienkompetenz sind somit wichtige Schlüsselqualifikationen, die unser individuelles, gesellschaftliches, berufliches und wirtschaftliches Leben in großem Maß beeinflussen. Die Entwicklung von Medienkompetenz bedeutet dabei, Medien aktiv als Kommunikationsmittel zu nutzen, um eigene Sichtweisen von Realität zu entwickeln und anderen mitteilen zu können. Darüber hinaus soll selbstbestimmt mit den Medieninhalten umgegangen und eine kritische Distanz gegenüber den Medien entwickelt werden. Genderkompetenz setzt einen Perspektivwechsel voraus, durch den letztlich anerkannt wird, dass das soziale Geschlecht nicht biologisch determiniert ist, sondern durch Lebens- und Denkgewohnheiten gestaltet wird. Beide Kompetenzen zielen auf die Erweiterung demokratischer Fähigkeiten ab, die aktive Mitgestaltung sozialer und politischer Verhältnisse und Veränderungen von Benachteiligungsstrukturen. In interaktiven und kommunikativen Prozessen wird im Sinne des doing gender das soziale Geschlecht jederzeit und überall hergestellt und neu manifestiert. So eignet sich insbesondere die Medienpädagogik mit ihrer Ausrichtung auf aktive Kommunikation, Bildung und Sozialisation, dazu, eingefahrene, stereotype Vorstellungen, Bilder und Rollen von Geschlecht zu hinterfragen und dafür zu sensibilisieren, Selbst- und Fremdbilder differenzierter wahrzunehmen und Handlungsmöglichkei-

---

1 *Managing Diversity* bearbeitet soziale Unterschiede in Geschlecht, Ethnie, Alter, Religion, Lebensstil, sozialer Schicht. Ziel ist die Herstellung von Chancengleichheit in Organisationen und Institutionen.
2 Judith Butler begreift Geschlechtsidentität als Akt mit performativem Charakter. Sie spricht von Doing Gender: Wir „sind" kein Geschlecht und haben auch nicht einfach irgendeine Geschlechtsidentität, sondern wir „tun" es, und zwar in und durch die Wiederholung. Deshalb liegt Butler zufolge in der Variation, in der Vervielfältigung der Geschlechter eine Möglichkeit von Subversion hinsichtlich bestehender Geschlechternormen. Dabei dient ihr die „Geschlechterparodie" als Möglichkeit, mit Geschlechtsidentitäten zu spielen.

ten zu variieren. Ob in Büchern, Comics, in Musik, Theater, Film und Fernsehen, in Spielen oder im Internet, überall werden Rollenbilder konstruiert und thematisiert. Sie zu erkennen, zu analysieren und kritisch zu hinterfragen ist eine wichtige Aufgabe für eine genderorientierte Medienarbeit.

■ Bausteine einer genderorientierten Medienarbeit

Im folgenden sollen nun Bausteine einer genderorientierten Medienarbeit entwickelt werden. Sie sollen hilfreich sein, die eigene Medienpraxis zu überprüfen und eigene Rollen zu reflektieren, um Standards für eine geschlechtsbewusste und -sensible Medienarbeit zu formulieren. Ausgehend von der Analyse des Praxisfeldes mit Hilfe der 3R-Methode, werden grundsätzliche Fragestellungen bei der Vorbereitung eines genderorientierten Medienprojektes erörtert und verschiedene Prinzipien und Kriterien einer geschlechtsbewussten und -sensiblen Medienarbeit aufgezeigt.

■ Die 3R-Methode in der genderorientierten Medienarbeit[3]

Mit Hilfe der 3D-Methode können zunächst die Grundlagen und Hintergründe einer genderorientierten Medienarbeit erörtert und das Praxisfeld genauer analysiert werden. Die 3R-Methode umschreibt die Arbeitsschritte Repräsentation, Ressourcen und Realität. Sie ist ein Instrument, um bei der Erhebung und Analyse von Daten etwaige geschlechtsspezifische Ungleichheiten systematisch zu erfassen. Dabei wird versucht, die grundlegende Frage »Wer erhält Was unter Welchen Bedingun-

---

3   Die 3R-Methode wird seit Jahren in Schweden erfolgreich angewandt. Sie geht zurück auf: Swedish Association of Local Authorities. The 3Rs-Tool for Gender Equality in Local Government. On Gender mainstreaming and the 3R method in swedish municipalties. In der schwedischen Stadt Köping wurde mit der 3 R-Methode ermittelt, dass die vergleichbaren Anträge auf Sozialhilfe relativ gesehen häufiger von Männern als von Frauen bewilligt werden.

gen« mit Hilfe der drei Variablen Repräsentation, Ressourcen und Realität zu beantworten. Bei der Repräsentation wird systematisch erhoben, wie die Geschlechter in den Entscheidungsprozessen und -gremien vertreten sind. Bei der Ressourcenverteilung geht es um die geschlechtsspezifische Zuteilung von Geld und Zeit. Mit Realität werden zum Beispiel formale und informale Strukturen in Organisationen oder Einstellung gegenüber Kollegen und Kolleginnen oder Besucherinnen und Besucher zu erfassen versucht. Umgesetzt auf die Verknüpfung der Bereiche Medien und Gender könnte mit den Fragestellungen folgendes heraus bekommen werden:

R1: Repräsentation
Wie groß ist der Anteil von Jungen/Mädchen bzw. jungen Männern/Frauen? (quantitativ)
- Wie groß ist die Verteilung von Jungen/Männern//Mädchen/Frauen bei der Nutzung eines Angebotes im Medienbereich
- Wie hoch ist der Anteil, von Angelegenheiten in Hinblick auf Gebrauch, Einsatz, …die hauptsächlich Jungen/Männer//Mädchen/Frauen betreffen?
- gibt es darüber Daten/Statistiken/Befragungen/Untersuchungen?

R2: Ressourcen
Wie werden die Ressourcen zwischen Jungen/Mädchen und jungen Männern/Frauen verteilt? (quantitativ)?
- Wie viel Zeit reden die Jungen und Mädchen in den jeweiligen Medienprojekten?
- Wie viel Geld wird für männliche und weibliche Kinder und Jugendliche zur Verfügung gestellt?
- Wie verteilen sich die allgemeinen Mittel auf die geschlechtsspezifischen Zielgruppen?

R3: Realität
Warum ist die Situation so (qualitativ)?
1. Wer bekommt was zu welcher Bedingung?
2. Warum werden Jungen und Mädchen bzw. junge Männer/Frauen unterschiedlich behandelt, beteiligt oder beurteilt?
3. Welche Normen und Werte liegen dem zugrunde?
4. Werden die Interessen der beiden Geschlechter dabei adäquat gewürdigt?

■ Fragestellungen bei der Vorbereitung eines genderorientierten Medienprojekts

Auf dem Weg zu einer genderorientierten Betrachtungsweise von Medienarbeit sind Bewusstseinsprozesse wichtige Voraussetzung hin zu einer gerechten und gleichwertigen Nutzung. Bei der Vorbereitung und Durchführung eines genderorientierten Medienprojektes sind daher folgende Fragestellungen hilfreich und sollten im Mittelpunkt stehen:

1. Ist das Aneignungsverhalten/Nutzungsverhalten einem Medium gegenüber bei Jungen anders als bei Mädchen?
2. Lassen sich die Jungen/Mädchen hier leichter abdrängen/verunsichern/ ablenken…
3. Was ist besonders beliebt bei Mädchen/Jungen. Warum?
4. Gibt es geschlechtsspezifische Auffälligkeiten bei Nutzung / Bearbeitung / Problemlösungen…?
5. Ist der Umgang der Mädchen und Jungen untereinander im Umfeld der Medien anders als bei sonstigen Kommunikations- und Interaktionsprozessen?

6. Gibt es in diesem Zusammenhang Unterschiede bei der Nutzung in geschlechtshomogenen Gruppen?
7. Wie war/ist mein eigenes Nutzungsverhalten als (Mann/Frau, Pädagoge/Pädagogin, ...)? Was sind/waren meine Vorlieben? Mit wem, wann warum? Was ist für meine Arbeit wichtig?
8. Wie sind meine Vorstellungen von Jungen/Mädchen; wo muss ich genau hinschauen, damit nicht meinen eigenen Vorurteile greifen; wo gilt es Chancen zu erkennen, wo sind Risiken?
9. Wo bin ich als Erwachsene/r, Sozialarbeiter/in, Pädagoge/Pädagogin selbst Vorbild in meinem eigenen Medienverhalten? Wie kann ich dies reflektiert nutzen?

■ Prinzipien einer geschlechtssensiblen Medienarbeit[4]

Als weitere Bausteine einer genderorientierten Medienarbeit werden nun zwölf Prinzipien beschrieben, die bei der Realisierung geschlechtsbewusster und -sensibler Medienprojekte zu beachten sind. Die Prinzipien dienen der Wahrnehmung, Erkennung und Förderung geschlechtssensibler Medienarbeit und können zur Überprüfung und kritischen Reflexion der eigenen Praxis in der Jugendarbeit oder in der Schule herangezogen werden. Folgende Prinzipien gilt es dabei zu beachten:

1. Jungen und Mädchen in ihren jeweils geschlechtsspezifischen Technik- und Medienerfahrungen wahrnehmen, Unterschiede erkennen, sie unterstützen und neue, auch gegengeschlechtliche Erfahrungen ermöglichen.
2. Die technischen Interessen und Leistungen sowie die Medieninteressen beider Geschlechter in gleichem Maße erkennen und achten und abwertende Verhaltensweisen vermeiden.
3. Die Identitätsstärkung von Jungen und Mädchen fördern und Erfahrungsräume schaffen, in denen sie eigene spezifische Handlungskonzepte erproben können. Das kann und sollte sowohl in geschlechtshomogenen als auch in geschlechtsdifferenzierten Gruppen stattfinden. Die pädagogische Begleitperson kann hier auch situativ und aufgabengerecht Settings anbieten oder verändern.
4. Jungen und Mädchen arbeiten gemeinsam und abwechselnd mit den Medien, z. B. an der Kamera, am PC etc. und reflektieren ihre gemachten Erfahrungen.
5. Jungen und Mädchen erhalten gleichberechtigt Zugang zu den Medien, gleiche Zeit, gleiche Nutzungsmodi etc. Was gleiche Behandlung bedeutet, wird vorher (partizipativ) festgelegt und nachvollziehbar überprüfbar gemacht.
6. Unterschiedliche Kompetenzen (Technik, Umgang,..) werden festgestellt, reflektiert und für die Arbeit nutzbar gemacht.
7. Neue Techniken werden nicht automatisch stereotyp zuerst den Jungen erklärt, sondern bewusst den Mädchen zuerst. Mädchen können somit aus der Position von Expertinnen anders agieren und dem Bild der Technikferne entgegenwirken.
8. Doppelt gemischt: bei der Vergabe von Verantwortlichkeit wird dafür gesorgt, dass beide Geschlechter vertreten sind; dabei können auch erste Ansprechpartnerinnen oder Ansprechpartner benannt werden, die bei auftretenden Fragen zuerst kontaktiert werden.
9. Jungen und Mädchen haben Stärken und Schwächen. Diese sollen thematisiert, Unterschiede herausgearbeitet und genau durchleuchtet werden, ob sie tatsächlich geschlechtsspezifisch

---

4 Angelehnt an 15 Prinzipien geschlechterbewussten Unterrichts mit neuen Medien in der Grundschule nach Bettina Jansen-Schulz, aus „Jungen arbeiten am Computer, Mädchen können Seil springen...", Jansen-Schulz, B. / Kastel, C.; kopaed 2004, München

festgelegt sind oder stereotyp angenommen bzw. gesellschaftlich konstruiert werden. Dabei sollen Mädchen nicht zu Jungen und Jungen nicht zu Mädchen gemacht werden. Vorlieben und Fähigkeiten sollten zunächst einfach auch einmal geschlechtsunabhängig betrachtet und überprüft werden, was kann mann/frau schon, was braucht es noch, welche Vorlieben gibt es, wo muss weiter gefördert oder intensiviert werden.

10. Gender und Sprache 1: Geschlechtergerechtigkeit wird auch über Sprache vermittelt. Nicht Kinder, sondern Jungen und Mädchen sind etwa an einem Projekt beteiligt. Grundsätzlich können aber z.B. mithilfe von neutralen Formulierungen schlangenschwanzartige Länge vermieden werden. Durch die Verwendung von z.B. Studierende statt Studentinnen und Studenten, Leitung statt Leiterin und Leiter etc. kann hier vieles vereinfacht werden.
11. Gender und Sprache 2: Es wird immer die jeweils nötige männliche und/oder weibliche Form verwendet, transparent und reflektiert. Ein großes „I" kann nicht gesprochen werden; ein Mädchen ist Moderatorin, Reporterin, Computerchefin, etc.
12. Aspekte des Gendermainstreaming in Hinblick auf die praktische Anwendung im Sinne einer Doppelstrategie bedeutet von Beginn an bewusst, reflektiert geschlechtergerechte Projektplanungen durchzuführen.

■ Kriterien für eine geschlechtssensible Filmarbeit

Als letzter Baustein eine genderorientierten Medienarbeit sollen noch Kriterien für eine geschlechtssensible Filmarbeit aufgezeigt werden. Dabei soll der Frage nachgegangen werden, welche Filme Jungen und Mädchen brauchen. Auch diese Frage ist so alt, wie das Medium selbst. Zum Nutzungsverhalten ist an anderer Stelle (vgl. Theunert S.12ff) schon einiges festgestellt worden. Nach wie vor sind beispielsweise 70% der Charaktere und Figuren im Kinderfernsehen männlich. „Action oder Romantik?", was brauchen die Jungen, was die Mädchen?, lautete die Frage bei einer Veranstaltung auf den Münchner Medientagen 2003. Nun Action und Romantik gibt es im Fernsehen und Kino genug, was Mädchen und Jungen jedoch brauchen sind:

❏ Filme, die die Lebenswelt von Jungen und Mädchen aufgreifen und erweitern und somit die Jungen und Mädchen ernst nehmen.
❏ Filme, die nicht einseitig sondern differenziert die Chancen und Möglichkeiten der Welten und Entwicklung darstellen und sogar irritieren.
❏ Filme, die andere Verhaltensmuster und ein anderes Blickfeld ermöglichen.
❏ Filme, die für das Erkennen von Benachteiligungen sensibel machen und anregen, sich damit kritisch auseinander zu setzen.
❏ Filme, die die anderen Seiten des Junge- und Mädchen- seins wecken.
❏ Filme, die den Handlungs- und Vorstellungsspielraum kultureller, traditioneller oder einengender Vorstellungen der Geschlechter erweitern und hinterfragen.
❏ Filme, die die speziellen Bedürfnisse, Kompetenzen und Stärken von Jungen und Mädchen berücksichtigen.
❏ Filme, die insbesondere Männer und/oder Frauen darstellen, die sich möglichst kritisch und reflektiert mit der/den eigenen Rolle/n auseinander setzen.
❏ Filme, die Zeit zum „Nach-Denken" ermöglichen.
❏ Filme, die im beschriebenen Kontext den Humor nicht vergessen.

■ Nicht nur reden, tun und einfach anfangen

Zum Abschluss sollen exemplarisch drei Projekte vorgestellt werden, die sich den oben beschriebenen Prinzipien und Kriterien verpflichtet sehen. Sie wurden alle mit Unterstützung des Büros der Medienbeauftragten des Stadtjugendamts München durchgeführt und geben einen Einblick in unterschiedliche Möglichkeiten und Ansätze geschlechtsbewusster und -sensibler Medienarbeit.

■ Kooperationsprojekte Neue Medien und Internet mit Schwerpunkt Gender

Bereits seit 1998 werden in München Mittel für die Förderung von Modellprojekten im Bereich „Neue Medien und Internet in der kommunalen Kinder- und Jugendarbeit" zur Verfügung gestellt. Mit dem Schwerpunktthema Gender / geschlechtsdifferenzierte Arbeit mit Jungen/ jungen Männern bzw. Mädchen/ jungen Frauen wird nun ein Akzent auf eine genderorientierte Medienarbeit gelegt. Dieser Aspekt spielte zwar schon seit Beginn des Förderprojekts eine wesentliche Rolle, steht in Zukunft aber im Mittelpunkt der Förderkriterien. Projekte mit diesem Schwerpunkt werden bevorzugt behandelt. Weitere Kriterien, die erfüllt werden müssen, um eine Förderung zu erhalten sind: Die Projekte sollen den Grundsätzen aktiver Medienarbeit entsprechen und Kinder und Jugendliche bei der Entwicklung von Medienkompetenz unterstützen. Diejenigen, denen der Zugang zu den Medien gesellschaftlich erschwert ist, sollen besonders berücksichtigt werden. Die Projekte werden modellhaft und unter Beteiligung von Kindern und Jugendlichen entwickelt und sollen deren Lebens- und Erfahrungswelten abbilden. Die Projekte dienen der Vernetzung verschiedener Initiativen auf diesem Gebiet, schieben neue Projekte an und unterstützen sie. Bevorzugt gefördert werden neue Initiativen, die bisher keine öffentliche Förderung erhalten.

■ Sindbad die Seefahrerin oder Farben haben kein Geschlecht

Dieses medienpädagogische und geschlechtssensible Musicalprojekt ist mit Unterstützung der Beauftragten für die Belange von Mädchen und jungen Frauen, des Beauftragten für Jungen und junge Männer, den Medienbeauftragten und dem „Jugendkulturwerk" des Stadtjugendamt München unterstützt und fachlich begleitet worden. Zielgruppe des Musicalprojektes waren 7 bis 17-jährige Mädchen und Jungen, die unter Leitung einer Sport- und Gymnastiklehrerin und einer „Performing – Arts" -Studentin in einer Woche in den Sommerferien 2003 dieses Projekt vom Workshop bis zur Aufführung realisierten. Dabei wurden die Stücke „Sindbad der Seefahrer" aus 1001 Nacht und „Die Königin der Farben" ausgewählt. Anhand der Beschreibung zu diesem Stück zeigte sich, wie fernab von Geschlechter- und Rollenvorstellungen anhand der Idee, Identitäten über Farben zu entwickeln und daraus Rollen entstehen zu lassen andere Assoziationen der Konstruktion angedacht und angespielt werden konnten. Inhalte der Workshops vor den einzelnen Aufführungen waren Gesang, Percussion, Tanz, Schauspiel und das Basteln von Kostümen und Bühnenbild sowie eine Dokumentation und die mediale Aufbereitung. Das Ergebnis der 10-tägigen Arbeit wurde im August 2003 in einer Abschlussperformance in einem Theaterspielhaus präsentiert. Als Dokumentation ist ein 25-minütiger Film entstanden.

■ Gendernauts

Pate für das Motto dieser Filmreihe ist der Dokumentarfilm Gendernauts (D/ USA 1999) der Regisseurin Monika Treut. Sie formulierte das Projekt ihrer filmischen Reise durch die Geschlechter so: „Gender nimmt jede vorstellbare Form an. Wir glauben, es gibt nur zwei. Maskulin und feminin, weil wir gelernt haben, die anderen unsichtbar zu machen. Wir müssen lernen, sie zu sehen, wir müssen die Wahrnehmung wiederentdecken."
Zielgruppe der Filmreihe sind Multiplikatoren und Multiplikatorinnen, die in der offenen Jugendarbeit, Jungen- und Mädchenarbeit oder Medienarbeit tätig sind. Grundgedanke bei der Konzeption der Filmreihe ist, dass der Kategorie Gender sowohl bei Produktion als auch der Rezeption eine zentrale und bedeutungsstrukturierende Funktion zufällt. Die bewusste Wahrnehmung, Analyse und Diskussion filmischer Gender – Konfigurationen kann dabei als Ausgangspunkt und Impuls für die geschlechterreflektierende Arbeit dienen.
Dabei sollen insbesondere Filme gezeigt werden, die abseits des Mainstreams oft überraschende, alternative und andere Perspektiven auf das Thema Gender öffnen. Vor jedem Film gibt es eine kurze Einführung, im Anschluss an den Film gibt es Gelegenheit zu Gespräch und zu Diskussion insbesondere über praktische Einsatzmöglichkeiten. Nach jedem Film können/sollen Kurzkritiken geschrieben werden, die gesammelt und schließlich dokumentiert und veröffentlicht werden sollen. Die gezeigten Filme können später mit einem knappen Filmdossier und der nötigen Vorführtechnik beim Medienzentrum München ausgeliehen werden, um sie im Rahmen der pädagogischen Arbeit einzusetzen.

■ Fazit

Die gesellschaftliche Realität zeigt, wie stark Medien das doing gender mitbestimmen und strukturieren. Medienarbeit ist immer irgendwie geschlechtsdifferenziert, deswegen aber noch lange nicht geschlechtssensibel oder gar geschlechtergerecht. Geschlechterdiskriminierung hält sich nicht allein und nicht in erster Linie aus Versehen oder aus Unkenntnis, weil man es nicht besser weiß oder weil man nicht weiß, wie man es richtig, diskriminierungsfrei machen könnte. Geschlechterdiskriminierung wird perpetuiert und verfestigt, auch und gerade durch die Sozial-, Arbeitsmarkt- und Bildungspolitik. Mit diesem Beitrag wurde mit Hilfe verschiedener Bausteine versucht, Bewusstsein für Begriffe und neue Begrifflichkeiten zu schaffen, Anregungen für Fragen und Bestandsanalysen zu geben und aus der Vielfalt von Anforderungen exemplarische Anstöße zur Verfügung zu stellen. Für den Beginn und die Durchführung sei zum Schluss noch bemerkt: es lohnt sich anzufangen oder weiterzumachen, mit dem gebotenen Ernst und einem nötigen Spaß..

■ Epilog

Aus Gründen der Lebensrealität und Gerechtigkeit bedient sich der vorliegende Text männlicher und weiblicher Substantive. So wird weibliche Form hier bewusst genannt und nicht in der männlichen integriert, weil sie dann auch nicht gemeint wäre.
Und: Nicht Kinder und Jugendliche, sondern Jungen und Mädchen, (junge) Männer und (junge) Frauen begegnen uns in der wirklichen Welt, also sind sie hier auch immer explizit benannt.

Literatur

1. Medienpädagogische Grundlagenliteratur

Anfang, G./ Demmler, K. / Lutz, K. (Hrsg.). (2001): Erlebniswelt Multimedia. Computerprojekte mit Kindern und Jugendlichen. München

Anfang, G./ Demmler, K. / Lutz, K. (Hrsg.). (2003): Mit Kamera, Maus und Mikro. Medienarbeit mit Kindern. München

Anfang, G./ Fiedler, F./ Kammerer, B./ Lutz K. (Hrsg.). (2003): Aufwachsen in Medienwelten. Perspektiven der medienpädagogischen Arbeit mit Kindern und Jugendlichen. Nürnberg

Götz, M. (Hrsg.) (2002): Alles Seifenblasen? Die Bedeutung von Daily Soaps im Alltag von Kindern und Jugendlichen. München

Mpfs – Medienpädagogischer Forschungsverbund Südwest (Hrsg.) (2003). KIM-Studie 2003. Kinder und Medien, Computer und Internet. Basisuntersuchung zum Medienumgang 6- bis 13-Jähriger. Baden-Baden

Mpfs – Medienpädagogischer Forschungsverbund Südwest (Hrsg.) (2004). JIM-Studie 2003. Jugend, Information, (Multi-)Media. Basisdokumentation zum Medienumgang 12- bis 19-Jähriger. Baden Baden

Röll, F.J. (1998): Mythen und Symbole in populären Medien. Frankfurt a.M.

Röll, F.J. (2003): Pädagogik der Navigation. Selbstgesteuertes Lernen durch Neue Medien, oder: Von der Lernqual zum Lernspaß. München

Schell, F. (1999): Aktive Medienarbeit mit Jugendlichen. Theorie und Praxis. München

Theunert, H. (1996): Multi-Medienpädagogik. In: medien+erziehung 1/96. S.29

Theunert, H./ Schorb, B. (Hrsg.) (1996): Begleiter der Kindheit. Zeichentrick und die Rezeption durch Kinder. BLM-Schriftenreihe Bd. 37. München

Theunert, H./ Gebel, C. (Hrsg.) (2000): Lehrstücke fürs Leben in Fortsetzung. Serienrezeption zwischen Kindheit und Jugend. BLM-Schriftenreihe, Bd. 63. München.

Wagner, U./ Theunert, H./ Gebel, C./ Lauber, A. (2004): Zwischen Vereinnahmung und Eigensinn – Konvergenz im Medienalltag Heranwachsender. BLM-Schriftenreihe Bd. 74. München.

2. Grundlegende Literatur zum Thema Gender

Becker, R./ Kortendiek, B. (Hrsg.) (2004): Handbuch Frauen- und Geschlechterforschung. Wiesbaden

Böhnisch, L. (2004): Männliche Sozialisation. Eine Einführung. Weinheim, München.

Bourdieu, P. (1997a): Die männliche Herrschaft. In: Dölling, I./Kreis, B. (Hrsg.): Ein alltägliches Spiel. Geschlechterkonstruktionen in der sozialen Praxis. Frankfurt a. M., S. 153-217

Butler, J. (1991): Das Unbehagen der Geschlechter. Frankfurt a.M.

Celan, P. (1983): Gesammelte Werke. Band 3, Frankfurt a.M.

Dölling, I./ Kreis, B. (Hrsg.) (1997): Ein alltägliches Spiel. Geschlechterkonstruktionen in der sozialen Praxis. Frankfurt a. M.

Feministische Studien 1993/2: Kritik der Kategorie >Geschlecht<

Gildemeister, R./ Wetterer, A. (1992): Wie Geschlechter gemacht werden. Die soziale Konstruktion der Zweigeschlechtlichkeit und ihre Reifizierung in der Frauenforschung. In: Knapp, G.-A. / Wetterer, A. (Hrsg.): Traditionen – Brüche. Freiburg i. Breisgau, S. 201-254

Marci-Boehncke, G./ Werner, P./ Wischermann, U. (Hrsg.) (1996): BlickRichtung Frauen. Theorien und Methoden geschlechtsspezifischer Rezeptionsforschung. Weinheim

Meyer, D./ v. Ginsheim, G. (2002): Gender Mainstreaming – Zukunftswege der Jugendhilfe. Ein Angebot. Berlin

Nicholson, L. (1994): Was heißt gender? In: Institut für Sozialforschung Frankfurt (Hrsg.): Geschlechterverhältnisse und Politik. Frankfurt a.M., S. 188-220

Sturzenhecker, B./Winter, R. (2002): Praxis der Jungenarbeit. Modelle, Methoden und Erfahrungen aus pädagogischen Arbeitsfeldern. Weinheim

Winter, R. (2004): Jungen: Reduzierte Problemperspektive und unterschlagene Potenziale. In: Becker, R./ Kortendiek, B. (Hrsg.): Handbuch Frauen- und Geschlechterforschung. Wiesbaden, S. 353-359

Winter, R./ Neubauer, G. (2001): Dies und Das! Das Variablenmodell "balanciertes Junge- und Mannsein" als Grundlage für die pädagogische Arbeit mit Jungen und Männern. Tübingen

3. Literatur zum Thema Gender und Medien

Bundesvereinigung kulturelle Jugendbildung e.V. (Hrsg.) (2000): Kulturarbeit mit Mädchen. Remscheid

von Hören, A.: Der projizierte Held (2002): Videoproduktionen mit Jungen. In: Sturzenhecker, B./ Winter, R.: Praxis der Jungenarbeit. Modelle, Methoden und Erfahrungen aus pädagogischen Arbeitsfeldern. Weinheim

Jansen-Schulz, B./ Kastel, C. (2004): „Jungen arbeiten am Computer, Mädchen können Seil springen..." Computerkompetenzen von Mädchen und Jungen. München

Klaus, E./ Röser, J. (1996): Fernsehen und Geschlecht. Geschlechtsgebundene Kommunikationsstile in der Medienrezeption und -produktion. In: Marci-Boehncke, G./ Werner, P./ Wischermann, U. (Hrsg.): BlickRichtung Frauen. Theorien und Methoden geschlechtsspezifischer Rezeptionsforschung. Weinheim , S. 37-60

Meyer, D. (2000): Theater, Geschlecht und Identität. In: Bundesvereinigung kulturelle Jugendbildung e.V. (Hrsg.): Kulturarbeit mit Mädchen. Remscheid, S. 105-114

Mühlen Achs, G./Schorb, B. (2003): Geschlecht und Medien. München

Schmidt, U. (2004): Im Reich der Feen und Kobolde – LAN-Party für Mädchen. In: medien + erziehung, 03/2004

Stolzenburg, E. (2003): „Ohne Jungs? Ich weiß ja nicht...." Geschlechtsspezifische Medienarbeit mit Mädchen. In: Anfang, G./ Fiedler, F./ Kammerer, B./ Lutz K. (Hrsg.). (2003): Aufwachsen in Medienwelten. Perspektiven der medienpädagogischen Arbeit mit Kindern und Jugendlichen. Nürnberg

Winter, R./ Neubauer, G. (2002): Da kannst du mal sehen. Jungen und Soaps. In: Götz, M. (Hrsg.): Alles Seifenblasen? Die Bedeutung von Daily Soaps im Alltag von Kindern und Jugendlichen. München

Wischemann, U. (2004): Der Kommunikationsraum Internet als Gendered Space. In: Medien & Kommunikationwissenschaft 52/Jg. 2004/2, S. 214-229.

Weiterführende Links
(gesichtet Februar 2005)

1. Internetseiten zum Thema Gender

http://www.genderinn.uni-koeln.de/
Umfangreiche Internet-Datenbank der Uni Köln zur Frauen- und Geschlechterforschung mit über 8000 Titeln.

http://www.woman.de/
Feministisches Internetportal mit umfangreichen Informationen zum Thema Gender.

http://www.gender-politik-online.de/
Das geschlechtsspezifische Portal für Sozialwissenschaften der Freien Universität Berlin.

http://www.fes.de/gender/gm.htm
Sehr informative Seiten der Friedrich-Ebert-Stiftung zum Thema Gender Mainstreaming.

http://www.gender-mainstreaming.net/
Portal des Bundesministeriums für Familie, Senioren, Frauen und Jugend
Mit umfangreicher Linkliste zum Thema Gender Mainstreaming.

http://europa.eu.int/comm/employment_social/equ_opp/index_de.htm
Programm und Maßnahmen der EU zur Gleichstellung von Frauen und Männern.
Mit weiterführenden Informationen zu den Themen Bildung, Arbeitsmarkt, gesetzliche Rahmenbedingungen, etc..

www.stiftung-frauenforschung.de
Die Seiten der Stiftung Frauen- und Geschlechterforschung bietet einen Überblick über Projekte, Institutionen, Netzwerke, Literatur und den aktuellen Stand der Gender Forschung.

http://www.genderkompetenz.info/
Das Gender Kompetenz Zentrum der Humboldt-Universität-Berlin berät und informiert über die europaweite Umsetzung von Gender Mainstreaming.

http://www.gem.or.at/de/index.htm
Gender Mainstreaming im Europäischen Sozialfonds (ESF). Eingerichtet vom Bundesministerium für Wirtschaft und Arbeit Österreich. Mit umfangreicher Datenbank und weiteren Links.

http://www.raumplanung.uni-dortmund.de/fwr/netzwerk.htm
Das Netzwerk Frauenforschung Nordrhein Westfalen. Enthält Adressen und Veröffentlichungen von an feministischer Forschung beteiligten Wissenschaftlern und Wissenschaftlerinnen.

2. Internetseiten zum Thema Gender und Medien

http://www.vings.de/
Die „Virtual International Gender Studies" der Universitäten Bielefeld, Bochum, Hagen und Hannover. Die Rubrik „Wissensnetz" bietet einen guten Einblick in zahlreiche Aspekte der Genderforschung.

http://www.woman.de/katalog/medien/index.html
Links speziell für Frauen zu den Bereichen Internet/Mulitimedia, TV/Radio und Zeitschriften.

http://www.frauen-ans-netz.de/
Frauen ans Netz hat sich zum Ziel gesetzt, Online-Kompetenz zu vermitteln, damit Frauen ihre Zukunft erfolgreich selbst zu gestalten lernen.

http://www.webgrrls.de/
Netzwerk für weibliche Fach- und Führungskräfte, die in oder für Neue Medien arbeiten. Ziel ist die berufliche Weiterentwicklung sowie die Präsenz und den Einfluss dieser Frauen innerhalb der Branche zu fördern.

3. Online-Literaturlisten zum Thema Gender

http://www.genderinn.uni-koeln.de/
Unter „Bibliografie" findet sich eine sehr gute, in Themenbereiche gegliederte Literaturliste.

http://www3.stzh.ch/internet/bfg/home/gender_mainstreaming/literatur.html
Literaturliste des Gleichstellungsbüros der Stadt Zürich

http://www.bpb.de/die_bpb/WBR2QZ,0,0,Weiterf%FChrende_Literatur.html
Literaturliste Chancengleichheit der Bundeszentrale für politische Bildung

http://www.bpb.de/die_bpb/F733YC,0,0,Weiterf%FChrende_Literatur.html
Literaturliste Gender Mainstreaming der Bundeszentrale für politische Bildung

http://marcjelitto.de/gender/literatur.htm
Literatursammlung zu Gender Mainstreaming und Evaluation

http://cgi.dji.de/cgi-bin/projekte/output.php?projekt=193&Jump1=RECHTS&Jump2=5
Literaturliste zu Gender Mainstreaming in der Kinder- und Jugendhilfe des Deutschen Jugendinstituts.

http://www.phb.ph-freiburg.de/systematiken/gender.htm
Virtuelles Bücherregal zur Gender-Literatur der PH Freiburg

Adressliste der Projektpartner und Institutionen

JFF – Institut für Medienpädagogik in Forschung und Praxis
Pfälzer-Wald-Str. 64
81539 München
Tel: 089 1266530
Email: jff@jff.de
URL: http//www.jff.de

Kreisjugendring München-Stadt
Paul-Heyse-Straße 22
80336 München
Tel. 089 514106-10
E-Mail: info@kjr-m.de
URL: http//www.kjr-m.de

**Landeshauptstadt München
Stadtjugendamt
Medienbeauftragter**
Rupprechtstr. 29
80636 München
Tel: 089 23334379
Email: klaus.schwarzer@muenchen.de
URL: http//www.muenchen.de

Medienzentrum München des JFF
Rupprechtstr. 29
80636 München
Tel: 089 1266530
Email: mzm@jff.de
URL: http//www.mzm.jff.de

die pädagogen – büro für jugend-, schul- und kommunalprojekte
füchtelerstr. 5
49377 vechta
Tel: 04441 85 43 85
Email: info@diepaedagogen.de
URL: http//www.diepaedagogen.de

Pädagogische Aktion/SPIELkultur
Augustenstr. 47/Rgb.
80333 München
Tel: 089 2609208
Email. spielkultur@pask.muc.kobis.de
URL: http//www.pa-spielkultur.de

Schulen ans Netz
Thomas-Mann-Str. 2 - 4
53111 Bonn
Tel: 0228 910 4869
Email: buero@schulen-ans-netz.de
URL: http//www.lizzynet.de

**SOWIT
Sozialwissenschaftliches Institut Tübingen**
Ringstraße 7
72070 Tübingen
Tel: 07071 975 813
Email: info@sowit.de
URL: http//www.sowit.de

**Stiftung SPI
Sozialpädagogisches Institut Berlin**
Müllerstraße 74
13349 Berlin
Tel: 030 45 97 93 – 0
Email: info@stiftung-spi.de
URL: http//www.stiftung-spi.de

Liste der Autorinnen und Autoren

Günther Anfang

Medienpädagoge. Seit 1980 am JFF – Institut für Medienpädagogik in Forschung und Praxis. Seit 1982 Leiter des Medienzentrums München und seit 1994 Leiter der Abteilung Praxis am JFF. Redaktionsmitglied der Zeitschrift „medien + erziehung".
Email: guenther.anfang@jff.de

Ilona Herbert

Dipl.-Soz. Päd. (FH). Seit Anfang 2002 als Medienpädagogin am Medienzentrum München des JFF. Arbeitsschwerpunkte sind die Betreuung der Jugendfernsehredaktion „maTz-TV" im Rahmen des Aus- und Fortbildungskanals sowie Medienprojekte mit Mädchen.
Email: ilona.herbert@jff.de

Andreas Kirchhoff

Dipl.-Soz. Päd. (FH). Seit Anfang 2000 als Medienpädagoge am JFF – Institut für Medienpädagogik in Forschung und Praxis. Arbeitsschwerpunke sind das Medienförderprojekt „In eigener Regie", das Bayerische Jugendfilmfest „JuFinale" und Medienarbeit mit Jungen.
Email: andreas.kirchhoff@jff.de

Dr. Dorit Meyer

Theaterwissenschaftlerin M.A. und Sozialwissenschaftlerin, langjährige Tätigkeit in der Theaterarbeit mit Jugendlichen und jungen Erwachsenen. Verschiedene Arbeiten an staatlichen Bühnen und im Off-Theater. Seit 1997 wissenschaftliche Mitarbeiterin bei der Stiftung SPI Berlin im Bundesmodellprogramm „Mädchen in der Jugendhilfe" und im Bundesmodellprogramm „Entwicklung und Chancen junger Menschen in sozialen Brennpunkten (E&C)".
Email: d.meyer@eundc.de

Ulrike Schmidt

Lehramt Sozialwissenschaft und Geschichte Sek. II und Sek. I. Seit 2002 stellvertretende Projektleiterin von LizzyNet - der Online-Plattform für Mädchen und junge Frauen von Schulen ans Netz e. V., Arbeitsschwerpunkte sind u. a. die konzeptionelle Weiterentwicklung der Plattform, Leitung der Redaktion und Kooperationen.
E-Mail: ulrike.schmidt@schulen-ans-netz.de

Klaus Schwarzer

Dipl.-Soz. Päd. (FH). Medienbeauftragter in der Leitung des Stadtjugendamts München. Als ehemaliger Koordinator für Gendermainstreaming im Stadtjugendamt beschäftigt er sich u.a. mit dem Thema Medien und Geschlecht.
Email: klaus.schwarzer@muenchen.de

Dr. Helga Theunert

Studium und Promotion in den Fächern Pädagogik, Psychologie und Soziologie. Von 1977 bis 1994 wissenschaftliche Mitarbeiterin bzw. Forschungsreferentin am JFF – Institut für Medienpädagogik in Forschung und Praxis. Seit 1994 wissenschaftliche Direktorin des JFF, Mitherausgeberin der Zeitschrift „medien + erziehung".
Email: helga.theunert@jff.de

Jens Wiemken

Dipl. Päd. Seit 1989 in der außerschulischen Jugendarbeit tätig. Von 1995 - 97 päd. Fachberater für Bildschirmspiele im Modellversuchs „Computerspiele - spielerische und kreative Computeranwendungen für Kinder und Jugendliche" der Landesbildstelle Bremen. 1997 Gründung eines päd. Dienstleistungsbetriebs, 2001 Gründung von „die pädagogen – Büro für Jugend-, Schul- und Kommunalprojekte" Lehrtätigkeiten an verschiedenen Hochschulen (Bremen, Gießen, Osnabrück, Vechta). Betreut seit Januar 2002 das Projekt „Search&Play" der Bundeszentrale für politische Bildung
Email: jwiemken@t-online.de

Dr. Reinhard Winter

ist Diplompädagoge und Psychodramaleiter. Er arbeitet bei SOWIT (Sozialwissenschaftliches Institut Tübingen) als Organisationsberater, Gendertrainer und in der Geschlechterforschung. Schwerpunkte seiner Arbeit sind Jungen, Männer, Gender, Gendertraining, Gender-Mainstreaming.
Email: reinhard.winter@sowit.de

Anhang

Medienarbeit bei kopaed

Beispiele aus unserem Programm

Björn Maurer **Medienarbeit mit Kindern aus Migrationskontexten** Grundlagen und Praxisbausteine; München 2004, Medienpädagogische Praxisforschung 1, 280 S. ISBN 3-938028-05-X € 18,80

Karin Eble / Irene Schumacher (Hrsg.) **medi@girls** Medienprojekte für Mädchen; München 2002, 160 S. ISBN 3-935686-64-1 € 12,50

Bornemann / Gerhold **TV-Produktion in Schule und Hochschule** Ein Leitfaden zur Vermittlung Praktischer Medienkompetenz; München 2004, LPR Schriftenreihe Bd. 19, 224 S. ISBN 3-935686-89-7 € 18,-

Klaus Schwarzer / Klaus Dreyer (Hrsg.) **Stationen im Netz** Kinder- und Jugendprojekte rund ums Internet; München 2004, Reihe Multimedia Band 9, 116 S. ISBN 3-935686-93-5 € 9,50

kopaed (muenchen) – www.kopaed.de

Materialien zur Medienpädagogik

herausgegeben vom JFF - Institut für Medienpädagogik
in Forschung und Praxis, München

Günther Anfang / Kathrin Demmler / Klaus Lutz (Hrsg.) **Erlebniswelt Multimedia** Computerprojekte mit Kindern und Jugendlichen; München 2001, Materialien zur Medienpädagogik Band 2, 192 S. + CD-ROM, ISBN 3-935686-04-8 € 14,50

Günther Anfang (Hrsg.) **Mit Medien gegen Gewalt** Beispiele, Anregungen und Ideen aus der Praxis; München 2003, Materialien zur Medienpädagogik Band 3, 80 S. + CD-ROM, ISBN 3-935686-64-1 € 8,-

Günther Anfang / Kathrin Demmler / Klaus Lutz (Hrsg.) **Mit Kamera, Maus und Mikro** Medienarbeit mit Kindern; München 2003, Materialien zur Medienpädagogik Band 4, 192 S., ISBN 3-935686-04-8 € 14,50

Michael Bloech / Fabian Fiedler / Klaus Lutz (Hrsg.) **Junges Radio** Kinder und Jugendliche machen Radio; München 2005, Materialien zur Medienpädagogik Band 5, 144 S., ISBN 3-938028-28-9 € 12,-

kopaed (muenchen) – www.kopaed.de

DVD

Auf der beigefügten DVD befinden sich fünf ausgewählte Filme von Jungen- und Mädchengruppen, die im Rahmen des Projektes „15/03 | 15/04" entstanden sind (s. Buch S.41). Die Filme vermitteln Zukunftsvisionen von Mädchen und Jungen und veranschaulichen ihre unterschiedlichen Vorstellungen. Während die Jungs davon träumen einmal als DJ oder Fußballstar berühmt zu werden, setzen sich die Mädchen u.a. mit Fragen auseinander, wie die Welt im Jahr 2200 aussieht. Doch auch bei den Mädchen gibt es Träume und Wünsche von einer Zukunft, die mit Karriere und Erfolg zu tun haben. Aufschlussreich in den Filmen sind außerdem die eher konventionellen Interpretationen von Rollenbildern. Für eine geschlechtsbewusste und -sensible Medienarbeit bieten sie somit mit Hilfe der Filme eine Menge Anknüpfungspunkte. Sie können sowohl als Einstieg in die Diskussion über Zukunftsbilder von Mädchen und Jungen verwendet werden, als auch als Anregung für eigene genderorientierte Medienprojekte mit Jugendlichen.

■ Folgende Filme sind auf der DVD zu finden:

Filme der Mädchengruppen:

❏ **Jetzt und Zukunft**
Kurzspielfilm, 15 Jahre, 15/03 Team des Jugendtreffs Au, DV, 4:30 Min.

Einmal zur Wahrsagerin gehen und sich die Zukunft voraussagen lassen? Ein verlockender Gedanke! Cilem, Daniela, Miriam und Stefanie probieren es aus.

❏ **Zapping 2000**
Kurzspielfilm, 15 Jahre, Mädchenfilmgruppe des Jugendtreffs AKKU, DV, 6:04 Min.

Wie wird die Welt im Jahr 2200 aussehen? Ein informatives Zappen durch die Fernsehkanäle der Zukunft.

❏ **Maybe Ladyz 4ever**
Kurzspielfilm, 16 Jahre, Filmgruppe Maybe Ladyz, DV, 11:00 Min.

Wir gründen eine HipHop-Tanzgruppe und kommen ganz groß raus! Und wie geht es dann weiter? Der Lebenslauf der Maybe Ladyz.